DESIGN MY 100 YEARS

> 100のチャートで見る

人生100年時代、
「幸せな老後」を
自分でデザインするための
データブック

株式会社メディヴァ 代表取締役社長／
起業家、コンサルタント
大石佳能子

Discover

はじめに

人生100年時代、幸せな老後は自分でつくろう
—— あなたは、どのように生きたいですか？

　2017年7月18日に、聖路加国際病院の名誉院長の日野原重明先生が105歳で逝去されました。亡くなる直前まで、次年の海外出張予定をスケジュール表に書き込み、ステーキを食べていたとの逸話が残っています。私も、先生が100歳を超えたころに講演をお願いしたことがありますが、ホワイトボードを使って、大きな手ぶりで壇上を踊るようにお話しされるのには驚嘆しました。

　日野原先生のような例は珍しいかもしれません。しかしながら、平均寿命が80歳(2017年；男性80.98歳、女性が87.14歳)を超えるなか、「人生100年の老後」はけっして珍しいことではありません。

人生100年の過ごし方は人それぞれ

　人生100年を日野原先生のように元気に過ごす人もいれば、一方で病院のベッドで延命措置を受けながら過ごす人もいます。人生の最後の日々をどう生きるか——これは高齢を迎える本人だけでなく、高齢の親を抱える子どもたちにとっても大きな問題でしょう。

　ほとんどの人は75歳までは概ね元気ですが、75歳を境目に介護、認知症などの問題が起こってきます。

　日本人の平均寿命と健康寿命の差は約10歳といわれていますが、高齢になって弱る人と、そうでない人の差は何なのでしょうか？

　たとえば、認知症は80歳後半では約3人に1人が患い、効果的な治療薬の開発は残念ながら見込みは立っていません。しかし、認知症のリスクを減らすことや、認知症になっても自立して今までどおり過ごせる方法があることはわかってきています。

　あるいは、脳トレは運動と組み合わせると効果

がありそうだ、ということが検証されつつあり、40代からの未病対策、60代からの虚弱対策も、確実に効果があるとされています。また、何歳であっても社会参加し、役割を持ち、働くことも有効です。

　海外では、高齢者の社会参加、ケアの見直し、環境整備などが進められていて、これらを前提に国の政策や自治体・企業等のサービスの改革が行われています。一方、日本では高齢者が健康でいきいきと暮らすための方策は十分に知られておらず、活用されてもいないのが現状なのです。

自分の老後をデザインするために、まずは正しい知識を得よう

　普通の人は、日野原先生のような超人にはなれないかもしれません。しかしながら、最後の日々に備えて自身と環境を整えることにより、健康を保ち、認知症を予防し（もしくは悪化を防ぎ）、自立した老後を迎えることは可能です。

　自分の老後を、「自分でデザインする」ことはできるのです。

　積極的に自分の生き方を選択するためには、正しい知識が必要です。「何が、医学的に、科学的に正しいとされているのか？」「制度はどうなっているのか？」「国内外の先進事例は？」などを踏まえ、自らが意思決定し、行動すれば、自分や家族を守ることも、制度や環境を積極的につくる側に参画することも可能です。

　この本は、考える糧としての情報を整理し、届けることを目的としました。ご自身、もしくは大切な方の「良い人生」を考えるうえで一助となれば幸いです。

CONTENTS

はじめに
人生100年時代、幸せな老後は自分でつくろう ——— 2
あなたは、どのように生きたいですか?

CHAPTER 1
超高齢社会を迎えた日本で起こること

01　急速なスピードで進む日本の高齢化 ——— 16
02　高齢者の数は、すでにカナダの人口より多い ——— 18
03　後期高齢者が増えることにより、ケアが必要な人が激増 ——— 20
04　高齢者の3人に1人が認知症を患い、社会的負担が増大 ——— 22
05　多死社会では、「看取りの場所」が大きな社会問題に ——— 24
06　「看取り難民」の多くは、「がん」による死亡? ——— 26
07　自宅看取りの約半分は「異状死」 ——— 28
08　特に男性は注意したい「孤独死」 ——— 30

CHAPTER 2
「幸せな老後」と「不幸せな老後」を分けるもの

- 09 健康の落ち方には男女差がある ― 36
- 10 男は「脳血管疾患」、女は「骨・関節」に注意 ― 38
- 11 「脳血管疾患」は再発する傾向あり、十分なリハビリ確保を ― 40
- 12 「骨・関節」の疾患は日常生活を脅かす ― 42
- 13 「認知症」は早期発見が難しく、生活の場を変えると悪化しがち ― 44
- 14 「がん」は家族の負担が少ない!? ― 46

CHAPTER 3
カラダとアタマの健康が「幸せな老後」をもたらす

- 15 日本は認知症の有病率が高い ― 52
- 16 「認知症＝アルツハイマー」ではない ― 54
- 17 薬や脳トレは効果がある？ ― 56
- 18 中高年の肥満は認知症の危険因子 ― 58
- 19 若いうちはアンチメタボ ― 60
- 20 高齢になったら、しっかり食べる ― 62
- 21 「フレイル」は元に戻る！栄養と運動で、筋肉を増やせ ― 64
- 22 健診をケチるな！ ― 66

CHAPTER 4
「幸せな老後」は社会とのかかわりがもたらす

- 23 生きがいを持っていれば、認知症の病状は出にくい ────── 72
- 24 社会参加していない人は、認知症を発症しがち ────── 74
- 25 「社会的に孤立」がダントツに高い日本 ────── 76
- 26 イギリスには「孤独担当大臣」も。地域全体への取り組みを ────── 78
- 27 日本の介護が認知症の社会参加を阻んでいる？ ────── 80

CHAPTER 5
限界を迎える日本の医療・介護制度

- 28 毎年1兆円、急速に増大する医療費・介護保険費 ────── 86
- 29 日本の社会保障は、「みこし型」から「肩車型」へ ────── 88
- 30 社会保障給付費の伸びに、政府は厳しい姿勢で対応 ────── 90
- 31 医療費を下げるには、まず「病床」を減らす ────── 92
- 32 質の向上と効率化のために、病院の機能を特化 ────── 94
- 33 減る病院、増える診療所 ────── 96
- 34 介護保険は、対象者を絞り込む方向に ────── 98
- 35 今後、介護人材は大きく不足 ────── 100
- 36 国際的な介護人材争奪戦に、出遅れている日本 ────── 102

CHAPTER 6
「地域包括ケアシステム」という新しい流れ

- 37 自宅での最期を希望する人が増えている ─ 108
- 38 高齢者のQOLは、入院により悪化する ─ 110
- 39 「自宅」は高齢者を元気にする ─ 112
- 40 精神病院で過ごす日本の認知症患者 ─ 114
- 41 自宅で過ごせば、入院コストの3分の1 ─ 116
- 42 「地域包括ケアシステム」……住み慣れた街で、ときどき入院、ほぼ自宅 ─ 118

CHAPTER 7
「在宅医療」ができること

- 43 「在宅医療」では、「自宅」が病室、「地域」が病院 ─ 124
- 44 在宅医療では、「生活の場」を見ながら治療・ケアを提供 ─ 126
- 45 今や、病院に匹敵する「在宅医療」 ─ 128
- 46 専門的な「在宅医療」は、「病院医療」を超えた？ ─ 130
- 47 肺炎も自宅で治せる ─ 132
- 48 看取りまで、がんは1.5か月、その他の場合は2.5年 ─ 134

CHAPTER 8
「在宅医療」の担い手が足りない

49 在宅医療を支える診療所は減っている ── 140
50 「在宅療養支援診療所」の半分は実質的に稼働せず ── 142
51 イギリスでは「仕組み」で、24時間対応を実現 ── 144
52 日本でも可能な「仕組み」で在宅医療 ── 146
53 質の向上と効率化のカギはIT化 ── 148
54 良い「在支診」探しは、まず、かかりつけ医を持つことから ── 150

CHAPTER 9
ケアと環境で認知症は変わる

55 認知症は治せなくても、症状は抑えられる ── 156
56 ケアでやっていいこと、悪いこと ── 158
57 ユマニチュードでは、「見つめる、触れる、話しかける、立たせる」── 160
58 イギリスの認知症戦略は、初期段階からの集中支援 ── 162
59 日本版メモリーサービスは、「認知症初期集中支援」── 164
60 ちょっとした工夫で、今の生活は続けられる ── 166
61 パラダイム転換を迎えた認知症ケア ── 168

CHAPTER 10
介護になっても「自立」は可能

- 62 介護は、「お世話」から「自立支援」へ ─── 174
- 63 寝たきりの人が立って、歩けた ─── 176
- 64 自立を阻む要因をアセスメントし、対策する ─── 178
- 65 自立のコツは、身体のリズムを保ち、役割を持つこと ─── 180
- 66 課題を分解できると、対応可能に ─── 182

CHAPTER 11
高齢者住宅には課題が多い

- 67 家族介護は期待しにくい ─── 188
- 68 高齢者の住む場所が足りない ─── 190
- 69 特養に入れたら幸せか？ ─── 192
- 70 「ホテル」のような有料老人ホームは幸せか？ ─── 194
- 71 高齢者住宅の「医療」が危うい ─── 196

CHAPTER 12
高齢者住宅はどうあるべきか

72 介護人材難を救うには、「組織能力」を上げる ——— 202
73 「介護のプロ」育成により、離職率を0％に ——— 204
74 海外の高齢者ホームには「自由」がある ——— 206
75 個々人のライフスタイルに合わせて暮らす ——— 208
76 そもそも、「自宅」は本当に無理なのか？ ——— 210

CHAPTER 13
認知症にやさしい街をつくる

77 高齢、特に認知症により、感覚機能が低下する ——— 216
78 認知症デザインの「7つの原則」 ——— 218
79 「認知症にやさしい街」をデザインする ——— 220
80 「認知症にやさしい街」のガイドラインをつくる ——— 222
81 民間主導の地域包括ケアシステムが「金の認証」を取得 ——— 224

CHAPTER 14
高齢者を支援する技術とその課題

- **82** ヘルスケア事業の機会は急拡大 — 230
- **83** 「保険」から「共助」・「自助」へ — 232
- **84** 高齢者と介護現場の支援に新技術 — 234
- **85** 多くの企業が陥る「テクノロジー・アウト」の罠 — 236
- **86** オランダでは、センサーとアセスメントで介護効率を向上 — 238
- **87** ハードとソフトを「パッケージ」化し、PDCAを回せ — 240

CHAPTER 15
高齢者が消費者・生産者・発信者として活躍

- **88** 「これから」の高齢者は、「これまで」の高齢者とは違う — 246
- **89** 高齢者は暇を持て余している — 248
- **90** 高齢者も働ける、働きたい — 250
- **91** 働くことが生きがいにつながる — 252
- **92** 元気でも元気でなくても、働いて、社会に参加 — 254
- **93** 高齢者が商品開発・モニタリングにも参加 — 256

CHAPTER 16
自分の人生は自分で決めよう

94	「トリプルA」高齢者を目指そう	262
95	まず「体力の維持」を。「社会参加」が鍵	264
96	いずれ「老い」は来る……ターニングポイントは75歳	266
97	住宅改修は長期的視野で	268
98	親が倒れたら、どうする……？	270
99	「延命治療」を止められるのは自分だけ	272
100	人生100年時代、最期まで自分らしくあるために	274

巻末対談 1
これからの高齢者は、「ミツバチの働き」を目指そう 安宅和人氏×大石佳能子 ──── 276

巻末対談 2
「幸せな最期」とは、どのようなものか 遠矢純一郎氏×大石佳能子 ──── 285

あとがき
すべての人が幸せな老後をデザインできる世の中を目指して ──── 292
Design your 100 years

CHAPTER 01

超高齢社会を迎えた日本で起こること

要約

日本は「高齢社会」から「超高齢社会」へ

　2020年には、日本の高齢者の割合はほぼ30％になります。「3人に1人が高齢者」の時代です。このような社会は、「高齢社会」を超えた「超高齢社会」と呼ばれます。

　日本の高齢者の人口は、約3,500万人に達しています。これは、カナダ一国の人口よりも多く、そのうち75歳を超える「後期高齢者」が約半数を占めています。

75歳は節目の歳⁉

　「高齢者」の定義は65歳以上ですが、65歳で高齢者と言ってもピンと来ないかもしれません。今どきの65歳は、まだまだ元気ですから。これからは、仕事や家族に使っていた時間を自分に使えるので、人生を謳歌している人も多いでしょう。

　しかしながら、75歳になってくるとそうはいきません。75歳は節目の歳のようで、ここを超えると多くの人は体が弱ってきます。病気がちになり、認知機能も衰え、介護が必要になり、入院を繰り返す人がいきなり急増します。

　特に、日本の場合は認知症が問題です。実は、諸外国に比べると認知症を患う人が多いのが日本の特徴なのです。

　長生きするから？　いえ、そうではなく、同じ年齢どうしで比べても認知症は多いのです。

「看取り難民」が出ることが危惧されている

　誰でも、いずれは亡くなります。「高齢者が多い」と、その「亡くなり方」が問題になります。今の医療政策は、病院の数を減らす方向に向かっています。病気になる人が増える、亡くなる

人が増えるにもかかわらず、病院は減る。このため、「看取り難民」が出るのではないか、と危ぶまれているのです。

特に、がんのような疾患は、高度な治療を行える病院が扱います。こういう病院は次の患者さんが控えているので、どんどん退院させなくてはいけません。治療が成功すればいいですが、もしも不運なことに治らない場合はどうなるでしょう。

日本はホスピス病棟も圧倒的に少なく、がんで亡くなる人で、ホスピス病棟に入れる人は1割しかいません。がん患者が「看取り難民」の多くを占めるのではないか、と言われています。

まだ整備が遅れている「在宅医療」

いま、病気を抱えて永く療養する方の受け皿として期待されているのが「在宅医療」です。お医者さんや看護師さんが家に来てくれる「在宅医療」は、患者さんの「自宅」が「病室」になる医療とも言われ、諸外国(特に欧州)ではすでに普及しています。よい「在宅医療」があれば、自宅で療養し、自宅で亡くなることも可能です。

「在宅医療」は病院に勝る療養と看取りの場としての期待が大きいのですが、残念ながら日本での整備はまだまだ遅れています。

ところで、いま自宅で亡くなる方の半分は、寝ている間に心臓が止まったとか、お風呂で亡くなったなどの突然死、事故死です。いわゆる孤独死も含まれます。

こういう突然死、事故死、孤独死は「異状死」と呼ばれています。後期高齢者が中心ですが、意外と75歳未満の高齢男性にも多いこともわかっています。特に男性は、異状死にならないよう気をつけたいものです。

CHAPTER 01

01

急速な
スピードで進む
日本の高齢化

　社会の高齢化とよく言われますが、その定義は何でしょうか。世界的には、65歳以上の高齢者の比率が7％を超えると「高齢化社会」、14％を超えると「高齢社会」、21％を超えると「超高齢社会」と呼びます。日本は、1970年に「高齢化社会」、1994年に「高齢社会」、2010年に「超高齢社会」に突入しました。2020年には高齢者の比率は29％を超えます。

　現在、世界で、「超高齢社会」と定義されるのは、日本とドイツだけです。

　けれども、問題はそれだけではありません。高齢化自体は先進国では珍しくなく、日本より前に高齢社会に突入している国は多く存在します。スウェーデン、イギリス、フランスなど高齢社会のモデルとして知られている国もたくさんあります。ところが日本の場合、とにかく高齢化のスピードが速い。老齢人口の比率が「高齢化社会」(7％)から「高齢社会」(14％)に達するまでに、スウェーデンは85年、フランスは126年もかかっています。これに対し、日本はわずか24年でした。

　社会の高齢化に対応し、社会も家族も個人も変わらないとなりません。しかし、他の欧州の国々が100年近くかけて成し遂げたことを、日本はその5分の1の時間でやらないといけないのです。社会にも、家族にも、個人にも、大きな負荷がかかるであろうことがおわかりいただけると思います。

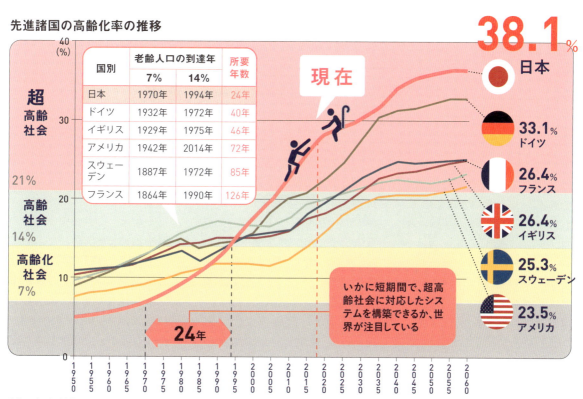

CHAPTER 01

02

高齢者の数は、すでにカナダの人口より多い

　では、実際、日本の高齢者、つまり65歳以上の人の数はどのくらいになるのかというと、2020年には約3,500万人。日本人の約3分の1です。カナダの人口（世界で38位）とほぼ同じです。先日会ったカナダ人に、このことを話すと、自国民とほぼ同じ数の高齢者が、この狭い国土に住んでいることを想像して驚いていました。

　年齢階層別にブレイクダウンして、今後の増減を比較してみましょう。

　2015年時点では、65〜69歳が約1,000万人、70〜74歳が約800万人、75〜79歳が約650万人、80歳以上が約1,000万人いました。高齢者のうち、「後期高齢者」と呼ばれる75歳以上は約1,600万人で、高齢者全体の約50％を占めています。

　2025年は、団塊の世代が全員、この「後期高齢者」になります。その時点では、65〜69歳が約700万人、70〜74歳が約800万人、75〜79歳が約850万人、80歳以上が約1,350万人。合計人数は、約300万人増えるだけですが、75歳以上は約500万人増えて、2,200万人近くとなり、高齢者のうちの約60％を占めます。

　2015年から2025年にかけて、高齢者の数は8.5％しか増加しないのですが、「後期高齢者」は34％も増加するのです。

　このことが、今後の日本の医療・介護を考えるにあたっての大きな課題となります。

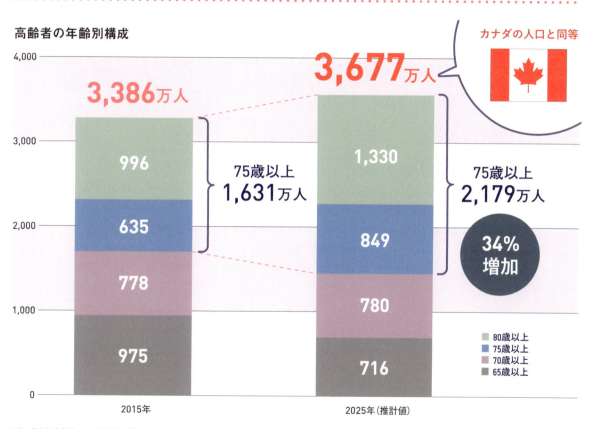

CHAPTER 01

03

後期高齢者が増えることにより、ケアが必要な人が激増

　なぜ75歳以上と未満が大事なのでしょうか？　75歳は、「自立」と「要介護」の節目の歳のようです。75歳以上になると、「要介護認定率」（介護が必要な人の割合）、「認知症有病率」（認知症と診断された人の割合）、「入院受療率」（入院している人の割合）が指数関数的に激増します。

　75歳が節目の歳なので、老年学においては、75歳未満を「前期高齢者」、75歳以上を「後期高齢者」と呼んでいました。これを受けて厚生労働省は、2008年より75歳以上と未満を分けた独立の健康保険制度「後期高齢者医療制度」を発足させ、ネーミングの無神経さで大きな批判を浴びました。

　後期高齢者になると、同時に増えるのが「フレイル高齢者」です。「フレイル」とは加齢により、運動機能や認知機能が低下した状態を指します。複数の慢性疾患が併存して、生活機能が障害され、心身が脆弱になった状態と定義されています。多くの人はフレイルを経て、要介護になります。

　後期高齢者が増えるにつれて、フレイルも増えます。フレイル高齢者は後期高齢者の約3割ぐらいと推定されていて、2015年には約550万人であったのが、2025年には約700万人になります。フレイル状態は放っておくと要介護になりますが、早期発見と適切な治療、悪化防止を行うと、自立に戻すことができます。これについては、のちほど説明させてください。

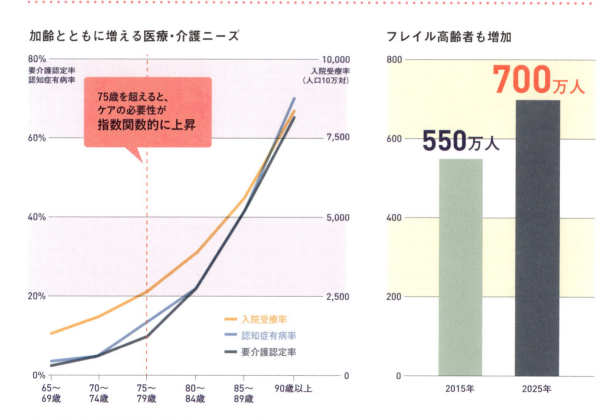

CHAPTER 01

04 高齢者の3人に1人が認知症を患い、社会的負担が増大

　後期高齢者が増えると、どういうことが起こるのでしょうか？　一つは、認知症になる人が増えます。2012年には認知症の方は460万人、その前段階であるMCI（Mild Cognitive Impairment：軽度認知症）の方は400万人で、あわせて860万人。高齢者の4人に1人でした。

　今後、高齢者が増えるにつれ、認知症の方は激増します。2025年には、認知症の患者が730万人、MCIの方は630万人を超え、合計すると約1,400万人。重度から軽度の幅はありますが、実に高齢者の3人に1人が認知症を患うことになるのです。

　医療費・介護費の問題も無視できませんが、社会的コストも問題です。英国アルツハイマー協会の研究によると、認知症の社会的なコストは、がんの6倍以上、心疾患の3倍以上、脳卒中の2倍以上にもなるそうです。日本でも慶應義塾大学が行った類似の研究がありますが、同様に認知症の社会的コストは高いと指摘されています。

　厚生労働省によれば、日常的な自立が難しい「自立度Ⅱ以上」の認知症患者は、2012年には345万人だったのが、2025年には470万人になると推計されています。ただ、これを裏返せば、2025年の認知症有病者とMCIの方のうち、約900万人はまだ軽度であり、日常生活自立度が保たれているということです。つまり、その方々が自立して過ごし、将来的な社会的なコストを減らすための方策が非常に重要になってきます。

社会的負担の高い認知症患者は約500万人に

認知症患者数 (万人)

患者数
- 2012年: 認知症有病者 462 / MCI 400 / 計 862
- 2025年: 730 / 632 / 計 1,362

自立度
- 2012年: 日常生活自立度Ⅱ以上 345 / Ⅱ以下 517
- 2025年: 470 / 892

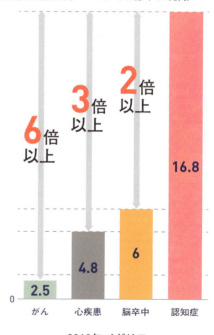

疾患別社会的コスト £10億 (=1.7兆円)

- がん: 2.5
- 心疾患: 4.8（6倍以上）
- 脳卒中: 6（3倍以上）
- 認知症: 16.8（2倍以上）

2012年 イギリス
(認知症 70万人)

出典：都市部における認知症有病率と認知症の生活機能障害への対応(H25.5報告)より推計
厚生労働科学研究費補助金 行政政策研究分野「日本における認知症の高齢者人口の将来推計に関する研究」.二宮利治(九州大学大学院医学研究院附属総合コホートセンター)糖尿病有病率による増加ケース

CHAPTER 01

05 多死社会では、「看取りの場所」が大きな社会問題に

　高齢者が増え、虚弱の方が増えたその先に待っているもの——それは「多死社会」です。日本では2005年、ついに死亡数が出生数を追い抜いてしまいました。現在もその傾向は続いており、人口は確実に減少し続けています。

　年間死亡者数の年次推移(予測)を見ると、2015年は130万人でしたが、その後も増加の一途で、2040年にピークを迎えます(年間約167万人)。このとき大きな問題になるのが、亡くなる方々をどこで看取るか、です。

　というのは、人が亡くなる場所は、欧米諸国では病院、自宅、施設がそれぞれ約3分の1程度ずつを占めています。これに対し、日本では約8割の方が病院で亡くなっています。自宅で亡くなる人は1割強、施設(老人ホーム等)で亡くなる人は数パーセントしかいません。ところが、今後病院の数は減ることがあっても、増えることはないのです(くわしくはのちほど)。

　今後もしも、自宅や施設での看取りが増えないとすると、病院の数も増えていかないので、死亡する場所がない、いわゆる「看取り難民」が発生します。厚生労働省によると、その数は2040年にピークを迎え、35〜40万人にも上ると推計されています。

　病院でも、老人ホームや自宅でも看取りができないという、この「看取り難民」の数をいかに減らすかが、今後の日本の大きな課題となっています。

病院・自宅・施設での看取りができない人が約40万人に

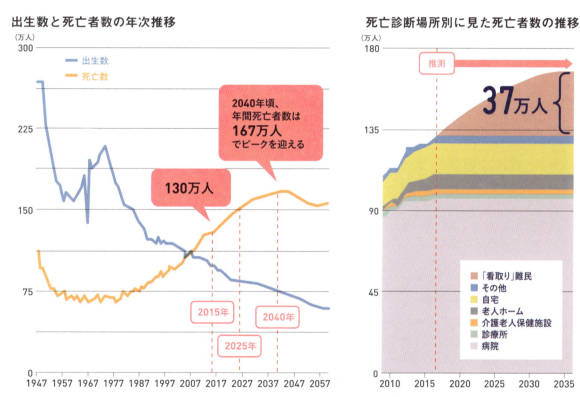

出典：厚生労働省「人口動態推計」、国立社会保障・人口問題研究所「日本の将来推計人口（H24年推計）出生中位死亡中位推計」
2016年までは厚労省「人口動態統計」（H.28）、2017年以降は国立社会保障・人口問題研究所「日本の将来推計人口（H29年推計）出生中位死亡中位推計」
2017年以降の死亡場所は、2016年の値を据え置き

CHAPTER 01

06 「看取り難民」の多くは、「がん」による死亡?

「看取り難民」と聞くと、孤独死や衰弱死をイメージする方が多いかもしれません。しかし、実はそうではなく、一番多い死因は「がん」であると推測されています。

健康診断などで「がん」が発見されたら、地域で最も先進的な治療を行っている病院にかかることになります。しかし、それらの病院は「治療」を専門としているので、「治療」ができなくなると退院を促します。次のがん患者を受け入れられなくなるからです。

がんが治療ができない段階であれば、ホスピス(緩和ケア病棟)への入院を希望する人は多いと思います。しかし、日本では圧倒的にホスピスが少ないのです。少しずつ増えてはいるものの、ホスピスで最期を迎えるがん患者は1割に過ぎないというデータもあります。自宅で亡くなる方(9%)と同じ程度しかいません。ホスピス病棟は医療費がかかるので、今後大きく増えることが想定されていません。

このような事情から、「看取り難民」の多くは病院から退院して、ホスピスに入れなかった「がん」患者になるのではないか、と考えられているのです。

一方、海外を見てみると、イギリスでは、自宅に医師、看護師が訪問し、緩和ケアを提供し、看取る仕組みができています。「緩和ケア病棟」ではなく、「緩和ケア地域」の仕組みがあるのです。日本でも同様の仕組みをつくることが、待ったなしで求められています。

がん死亡者は増えるのに、緩和ケア病棟には1割しか入れない

がん死亡者の推移と推計

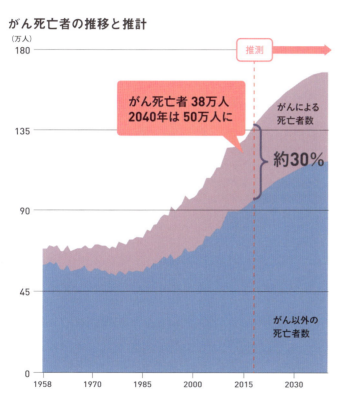

がん死亡者の死亡場所

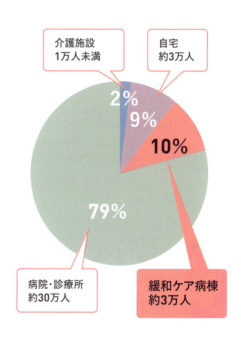

出典：2013年までは人口動態統計（厚生労働省大臣官房統計情報部編）、2014年以降は厚生労働省「人口動態推計」、国立社会保障・人口問題研究所「日本の将来推計人口（H24年推計）出生中位死亡中位推計」、2014年以降の死因の割合は、2013年の値を据え置き

出典：データでみる日本の緩和ケアの現状 東北大学 宮下光令 2012年

CHAPTER 01
07

自宅看取りの約半分は「異状死」

　一般的に「自宅での看取り」という言葉を聞くと、亡くなるおじいちゃん（おばあちゃん）を孫が囲んで、手を握って、涙して……というイメージが浮かぶ方が多いでしょう。しかし、自宅で亡くなる方のうち、そのような形で看取られて亡くなるのはその半分にすぎません。

　人が亡くなると、死因を特定しなくてはなりません。定期的に医師にかかって、診療を受けていた患者の場合は、死亡原因がわかりやすく、どのような経過で亡くなったかがわかるので、かかりつけ医が死亡診断書を書きます。

　逆に、突然亡くなった場合や、死因が不審な場合は、警察が介入することもあり、監察医が死因を調べます。この場合は、死亡診断書ではなく、死体検案書が作成されます。こういうケースを「異状死」と呼びます。異状死の中には、いわゆる「孤独死」だけでなく、寝ている間に突然心臓が止まった、自宅のお風呂で溺れた、自殺したなども含まれます。

　ドラマで、監察医が死体を解剖するシーンを見たことがある人もいると思いますが、もちろん全件解剖が行われるわけではなく、死因が不審で、特定できないときにのみ行われます。

　亡くなった方の死亡原因・経緯を全件調査したところ、だいたいどの地域でも、「自宅で亡くなっている」方の半分が「異状死」だということがわかったのです。

自宅で亡くなる人の半分は、いわゆる「看取り」ではない

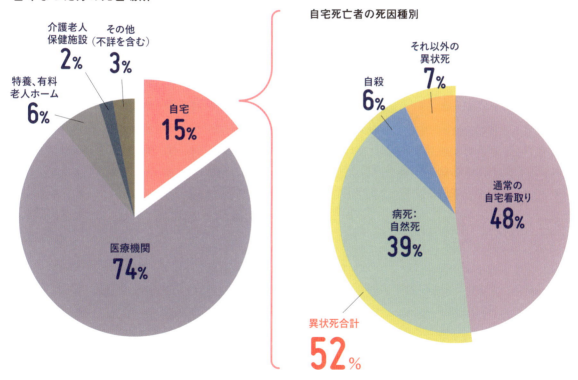

出典：2015年日本在宅医学会(福岡大会)発表

CHAPTER 01

08 特に男性は注意したい「孤独死」

　自宅での異状死にはどういう人が多いと思われますか？　同じく死亡原因を全件調査してみたところ、興味深い結果が出ました。

　まず、「異状死」全体で見ると、後期高齢者(75歳以上)が圧倒的に多くなります。男女で見ると、男性の方が多く発生します。男性は女性の約2倍です。

　異状死の中で自死・事故を除いたものが、病死・自然死による異状死です。これも後期高齢者が一番多いのですが、前期高齢者(65〜74歳)の男性にも非常に多いことが判明しました。男性は女性の実に約3.4倍です。さらに深堀りして地域別に見ると、地域の所得水準によって差があることもわかりました。

　病気や自然死で亡くなった自宅「異状死」のうち、何割がいわゆる「孤独死」なのかは、死亡診断書・検案書ではわかりません。統計もありませんが、かなりの数の「孤独死」が含まれているのではないか、と推測されます。

　男性の場合は、女性と異なり、一人になると引きこもってしまい、食事なども十分に摂らなくなりがちです。社会とのつながりが、女性より薄いとも言われます。前期高齢者は、自分はまだまだ元気だと思っているので、調子が悪くて寝込んでそのままになった場合もあるでしょう。特に、一人暮らしの男性の方は、健康と社会とのつながりに気をつけるべきだということが読み取れます。

異状死は、男性、特に前期高齢者が多い

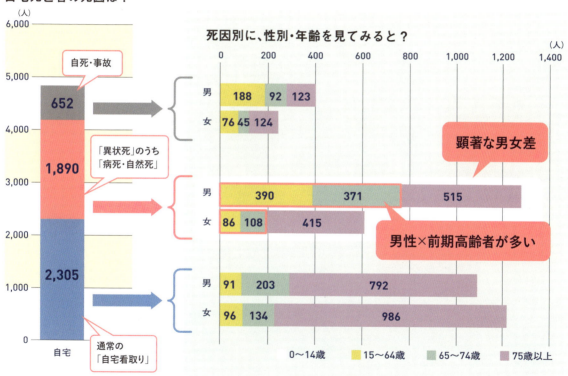

出典：2015年日本在宅医医学会（福岡大会）発表

CHAPTER 02

「幸せな老後」と「不幸せな老後」を分けるもの

要約

「最期まで元気な1割」を目指そう

　75歳は節目の歳ですが、すべての人が75歳を過ぎると弱っていくわけではありません。男性の1割は最期まで元気です。新聞を広げると、80歳、90歳でも元気で活躍している人の記事を見ることがあります。

　反対に、早く弱る人もいます。男女とも1〜2割は、70歳を超えた段階で介助なしでは生活できなくなります。

　では、どうすれば早く衰える1〜2割に入らないでいられるか？　また、どうすれば衰えるのを遅らせ、できれば最期まで元気な1割に入れるのか？　これは「幸せな老後」を過ごすために重要な課題です。

介護が必要となる疾患とは？

　介護が必要となる疾患は、脳血管疾患（脳卒中など）、骨や関節の疾患（骨粗鬆症など）、認知症などです。これらを予防できれば、介護を最大限避けることができます。そのためには、若いときからの生活習慣の改善が鍵となります。

　脳血管疾患を防ぐには、高血圧、糖尿病、高脂血症等の生活習慣病の予防が重要です。これらの病気は、いずれも全身の血管にダメージを与えるので、脳血管疾患につながる危険性が極めて高いのです。

　しかも、脳血管疾患は再発します。再発することにより、階段を下るように寝たきりに近づきます。薬を飲むだけでなく、食生活に気をつける、運動をする、禁煙するなど生活習慣を改めるとともに、十分なリハビリを行うことが大事です。今の医療保険では発症後、半年を超え

ると医療保険でリハビリを受けられなくなるので、それまでが勝負です。

　一方、骨粗鬆症は閉経後の女性がかかりやすい病気です。背中が曲がって地面につきそうなおばあちゃんは骨粗鬆症です。骨がスカスカになっていく病気ですが、若いうちから骨密度を上げることや、閉経後も薬での治療や食生活に気をつけることにより進行を遅らせることができます。

　認知症は残念ながら、有効な治療は見つかっておらず、確実な予防方法もありません。ただ、食生活、運動、社会参加等が予防につながり、悪化防止に良いとは言われています。

　結局は、要介護になる大きな要因は、良い生活習慣によって予防でき、またなったとしても悪化を食い止めることができるということなのです。

がんは、「自宅で看取りやすい」病気!?

　家族の介護負担を考えると、脳血管疾患、認知症などは弱ってから終末期までの経過が長いので大変です。反対に、がんは亡くなる直前まで自立を保てます。適切な在宅医療さえ受ければ、家族にとってがんは「自宅で看取りやすい」病気なのです。

　最期まで元気な1割に、どうやってなれるのか？　生活習慣だけではなく、遺伝も強く関係しているのではないかと言われています。ただし、1割の方々には経営者、政治家、医師等の、歳をとっても社会で活躍している人が多いようです。活躍の場があること自体が元気の秘訣ではないか、とも言われています。

CHAPTER 02

09

健康の落ち方には男女差がある

　東京大学高齢社会総合研究機構の特任教授、秋山弘子氏が特定の人たちを約30年の長期にわたって追いかけ、高齢者の自立度を調べたところ、衝撃的な研究結果が出ました。

　男性の1割は90歳近くになってもほぼ自立を保っています。2017年に105歳で亡くなられた聖路加国際病院の日野原重明名誉院長のような方でしょうか。私も日野原先生に100歳を超えられてから講演をお願いしたことがありますが、壇上で踊るように講演されていました。一方、2割は70歳を超えた段階で、介助なしで日常生活を送れない状態になっています。残りの7割はその中間に位置し、後期高齢者になった75歳くらいから徐々に弱っていきます。

　女性は残念ながら、いわゆる「日野原」セグメントはいません。約1割が男性と同じく70歳前後で自立が保てなくなります。残りの約9割は、後期高齢者になる前くらいから徐々に自立度が落ち、後期高齢者になったころには、杖などの補助が必要となってくるのです。

　日本の平均寿命は男性が80.98歳、女性が87.14歳で約6年の差があります。しかし、健康寿命は男性が72.14歳、女性が74.79歳で3年弱の差しかありません。

　平均寿命と健康寿命との差は、男女とも約10年あり、この期間を短くすることは自分にとっても、家族にとっても、社会にとっても重大です。

男性の1割は最期まで元気。女性は長生きだが介護期間が長い

年齢別・性別に見た自立度

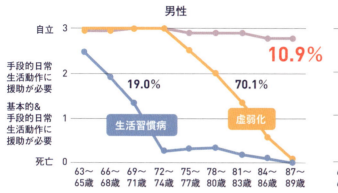
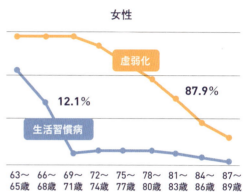
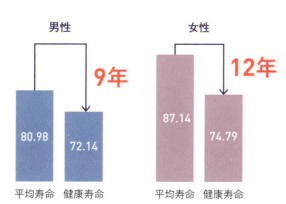

出典：秋山弘子 長寿時代の化学と社会の構想『科学』岩波書店、2010
厚労省（2001, 2004, 2007, 2013, 2016）「簡易生命表」；厚労省（2010）「完全生命表」；橘本他（2017）「健康寿命の全国推移の算定・評価に関する研究：全国と都道府県の推移」

CHAPTER 02

10 男は「脳血管疾患」、女は「骨・関節」に注意

　介護が必要となる主たる原因は認知症、脳血管疾患（脳卒中など）、骨折などがあります。これを男女別、介護度別で見てみましょう。

　男性の場合は圧倒的に脳血管疾患が多く、3割を超えます。それに認知症、高齢による衰弱（フレイル）が1割ずつと続きます。

　女性の場合は、最も多いのが認知症で2割弱、それに脳血管疾患、高齢による衰弱、関節疾患が約15％ずつと続きます。約1割の骨折によるものも入れると、男性に比べて多くの原因に起因していることがわかります。

　次に、要介護度別に見てみます。介護度の低い方（要支援）には、脳血管疾患を原因とする人もいますが、関節疾患によるものが多くなっています。介護度が上がるにつれ、脳血管疾患と認知症が多くなってきます。要介護5になると、脳血管疾患が3割を超え、認知症が2割弱と続きます。

　これらのことから、男性は、まず脳血管疾患を防ぐことが非常に重要になります。その鍵になるのが生活習慣病対策です。女性は関節や骨の病気を気にした方がいいでしょう。閉経後は骨を作るホルモンが減るので、骨粗鬆症になりやすく、骨折につながります。若いうちから、骨密度を高めると予防になります。また、男性も女性も、膝や腰の痛み、認知症、高齢による衰弱（フレイル）の予防や悪化防止に注意するべきです。

介護度・男女で、注意すべき原因疾患は異なる

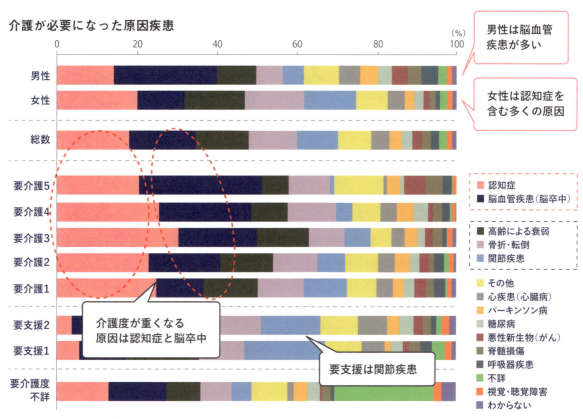

出典:厚生労働省 平成22年国民生活基礎調査の概況 より作成

CHAPTER 02

11

「脳血管疾患」は再発する傾向あり、十分なリハビリ確保を

みなさんは、脳血管疾患で要介護になると、どういう状態になるか想像がつくでしょうか？ここでは、実際の患者さんの例を挙げてみます。

中度の例（63歳、男性）：
60歳で脳出血を発症して倒れ、右半身の麻痺、右視野の狭窄と失語症が後遺症として残りました。急性期病院の後、回復期リハビリ病院に入院し、その後自宅に帰りました。体が不自由なため、仕事はしておらず、自宅で奥さんが介助しています。定期的に病院の外来に通院し、通所介護（デイサービス）とあわせて、週に1度、通所リハビリに通う日々を送られています。

重度の例（70歳、男性）：
脳血管疾患は、再発しやすい病気です。中程度以上は麻痺が出て、リハビリが必要になります。

50歳で脳梗塞を発症し倒れ、右側に麻痺が残りました。リハビリによって歩けるようになり、仕事にも復帰したのですが、60歳で再発、ほぼ寝たきりになりました。理学療法士が週に1度訪問し、リハビリを行っています。家族が介護していますが、大変なので訪問入浴を利用し、奥さんの介護疲れを取るため、月に1度程度ショートステイ（泊り）を利用しています。

さらに重度の例（72歳、女性）：
再発を繰り返し、さらに重度になると四肢が完全に麻痺し、病院での寝たきり生活になります。寝たきりになると、床ずれをはじめいろいろな合併症を発症します。

脳血管疾患は、再発を繰り返しながら重くなる

介護度別具体例

要介護5（重）　支援依存度

↕

要支援1（軽）

高

72歳女性

度重なる再発で、四肢完全麻痺。糖尿病でインスリン自己注射、気管切開で週1回の気管カヌレ交換と人工鼻の使用、月1回の胃ろう交換、数か所の床ずれと糖尿病性壊疽があり、骨髄炎の危険が大。数種類の被覆剤を使用。プロスタグランディンと創傷処置のために療養型病院に入院して集中的な治療を要している。

高

70歳男性

50歳に脳塞栓で倒れ、右側の片麻痺に。その後リハビリによって歩けるようになり仕事にも復帰したが、10年後の60歳のときに再発。ほぼ寝たきりとなり、家族が介護するという状態になった。訪問看護でのリハビリ、訪問入浴、ときどき奥様の介護疲れを取るためにショートステイを利用している。

中

63歳男性

60歳で脳出血で倒れ、右片麻痺と失語症、右視野の狭窄が後遺症として残る。回復リハ病院を退院後、自宅に帰ってからも定期的に外来に通院し、通所介護と合わせて週に1回通所リハビリに通っている。

出典：医師看護師ヒアリング、患者向け医学書からの抜粋、チームディスカッション

CHAPTER 02

12

「骨・関節」の疾患は日常生活を脅かす

　骨や関節が悪くなると、日常生活にさまざまな支障が出てきます。

軽度の例（77歳、男性、独居）：
変形性膝関節症と診断され、重い荷物を持てないために買い物が不便になりました。外出する機会も減って、閉じこもりがちです。ただ、家の中ではまだ通常の生活を続けています。

中度の例（87歳、女性）：
変形性膝関節症が悪化し、人工関節を入れる手術をしました。まだ膝に体重がかけられないため、屋外だけでなく屋内でも杖を使っています。階段の上り降りが不自由で、1階で生活をしています。風呂もまたげないので、シャワーで済ませているほか、布団での生活ができないので、ベッドを入れました。

重度の例（90歳、女性）：
骨粗鬆症を患っていましたが、転倒して大腿骨頸部を折り、手術しました。もともと軽い認知症があったので、リハビリが十分に行えず、車椅子になりました。このため活動量が落ちて、認知症がさらに悪化しました。お風呂はデイサービスの機械浴を使い、自分だけではトイレに座れないので、オムツを使っています。

　変形性関節症は、関節の軟骨がすり減ることによって起こります。リハビリで関節周辺の筋肉を鍛えることで改善も可能ですが、痛みがひどい、骨折を伴う、認知症があるなどの場合は、日常生活が送れず、外出の機会も減り、徐々に全体的に衰えていきます。

骨・関節の疾患は、徐々に生活能力を奪う

介護度別具体例

要介護5
（重）

支援依存度

高

90歳女性

転倒により大腿部頸部を骨折し、手術を実施。
平行棒内であれば見守りにて歩行は可能であるが、実用性はなく屋内・屋外ともに車椅子にて移動。浴槽への移乗も困難で、シャワーで済ますか、デイでの機械浴での入浴。排泄も声かけにて実施できることもあるが、家族が常に対応できず、オムツ適用。

中

87歳女性

変形性膝関節症の症状が悪化したため、膝の人工関節置換術。
屋外での歩行は不安定で、かつ長距離の歩行が困難なため、食事の準備や買い物に介助が必要となる。屋内、屋外ともに杖をついて移動しており、階段昇降が困難なため、1階で生活。浴槽をまたぐ動作に不便を感じており、シャワーで済ますか、補助具を使用。膝の曲がる角度が浅いため、正座ができず和室での生活が難しい。また布団での生活が難しくなり、ベッドに変更。

軽

77歳男性

変形性膝関節症と診断。
膝の痛みや、重い荷物が持てないために、買い物を不便に感じており、外出する機会も減って閉じこもりがちの生活を送っている。屋外以外の生活は自立している。

要支援1
（軽）

出典：医師看護師ヒアリング、患者向け医学書からの抜粋、チームディスカッション

CHAPTER 02

13 「認知症」は早期発見が難しく、生活の場を変えると悪化しがち

認知症の方の症状を、介護度別に見てみましょう。

軽度の例（85歳、女性）：
2年ほど前から、ゴミ出し等で近隣に迷惑をかけはじめました。心配した長女が、自分の近所の高齢者住宅を探してきました。本人は引っ越しを嫌がったのですが、転居となりました。一日一度のケア担当者の訪問と24時間見守りサービスを受けながら暮らしていますが、新しいところで友だちができず、ぼーっと過ごす日が続いて悪化が危ぶまれています。

中度の例（87歳、女性、独居）：
物忘れが悪化。食事をすることも忘れてしまい、体重が10kgぐらい減少したことで、訪ねてきた家族が気づきました。「アルツハイマー型認知症」と診断され、デイサービスに通いましたが、初めて会う人との会話がしにくく、トラブルが増えたので、グループホームに入居することになりました。

高度の例（92歳、女性）：
ボヤを出して認知症が発覚しました。泊まることができる小規模多機能施設を使いながら、特別養護老人ホームの空きを待つことになりました。1年後に入所できましたが、半年で心身機能が悪化し、食事も摂れなくなって亡くなりました。

いずれも、認知症の発症、進行がタイムリーにキャッチできていない例です。認知症が進行すると、新しい場所や生活に慣れにくい傾向があるので、病気を早期に発見して対応することが大事です。

認知症は、気づいたときには重症化していることが多い

介護度別具体例

要介護5
（重）
↕
要支援1
（軽）

支援依存度

高

中

低

92歳女性

数年前にボヤで認知症が発覚。デイサービスを利用していたが、介護をしていた長男の体調不良をきっかけに症状が悪化。併設の小規模多機能施設のショートステイを利用しながら、特養に申込。約1年後に入所することができた。入所から半年で徐々に身体機能が低下し、食事も取れなくなりお亡くなりになられた。

87歳女性

独居生活をする中で、物忘れが悪化。食事をすることも忘れてしまい、結果として体重が10kg減少。心配した家族とともに病院を受診し、アルツハイマー型認知症と診断を受ける。当初は一般のデイサービスに通っていたが、他者との会話が上手く図れず、トラブルになることが増え、グループホームへ入居するようになった。

85歳女性

83歳くらいから認知症が発症し、周囲の人に心配と迷惑をかけるようになったため、長女宅の近所にある見守り付き高齢者住宅に入居（敷地内に訪問介護、デイサービス、グループホーム）。ケアマネジャーによる1日1回の訪問と24時間緊急コールサービスをうけながら一人暮らしを続けている。

出典：医師看護師ヒアリング、患者向け医学書からの抜粋、チームディスカッション

CHAPTER 02

14

「がん」は家族の負担が少ない!?

　日常生活の支援の必要性は、疾患によって異なります。右の図は、縦軸に日常生活の自立度、横軸に年齢を取って、疾患にかかったときから亡くなるまでの、自立度の低下をイメージ化したものです。

　これを見ると、脳卒中と認知症はひたすら下降傾向をたどります。脳卒中は、自立度の高い状態から突然倒れ、少し維持しながらも確実に落ちていきます。認知症は自立度がやや低くなった状態で発見され、その後回復することなく落ち続けていきます。

　特徴的なのは、心疾患、呼吸器疾患です。容体悪化と回復を繰り返しながら落ちていきます。容体の悪さが、ある閾値を割ると最期を迎えます。これに対して、がんは亡くなる直前まで普段どおりの生活を送ることができ、最期は一気に落ちていきます。

「生活自立」の線より下が要介護です。スタートからエンドまで、この線と各疾患の線で囲まれる下側の部分の面積が、必要となる介護の総量になります。

　面積を比べると、認知症は介護負担が最も多く、脳卒中がそれに続きます。心疾患は容体が悪いときには介護負担が高いのですが、入院していることが多いので、家族が看ているケースは少ないと思われます。

　意外と介護負担が少ないのはがんで、本当の終末期のみです。「家族にとって、がんは自宅で看取りやすい」とも言われています。

がんは生活自立度が保たれるが、最期に一気に落ちる

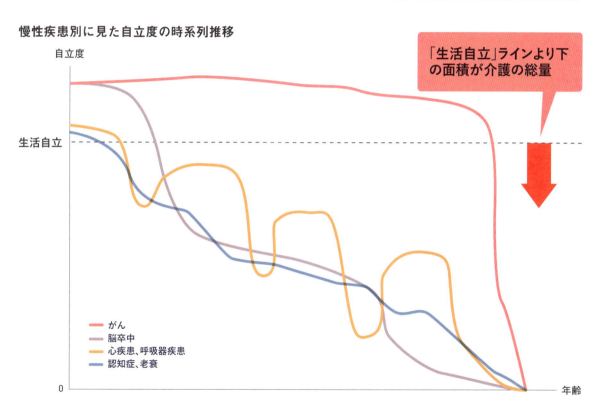

CHAPTER 03

カラダとアタマの健康が「幸せな老後」をもたらす

要約

　寝たきりも怖いけれど、認知症はもっと怖い。そういう感覚を持っている方は多いのではないでしょうか。記憶を失い、自分が自分でなくなる病気。家族へかかる負担も、他の疾患に比べて格段に大きいとされています。

　日本人は諸外国に比べて、認知症になる割合が高いことがわかっていますが、その原因は明らかになっていません。

認知症にはさまざまな種類がある

　アルツハイマー型認知症は、脳の神経細胞が壊れて、脳が委縮する病気です。薬でも根治することはできず、進行を遅らせるだけで、副作用もあります。

　認知症にはアルツハイマー型だけでなく、脳血管性のものもあります。このタイプは若いころからの生活習慣改善、いわゆるメタボリック・シンドローム対策が有効であることがわかっています。

　メタボは、悪い生活習慣の結果、内臓に脂肪がたまった状態です。これ自体は病気ではありませんが、放置しておくと高血圧、糖尿病、高脂血症等の生活習慣病につながり、認知症を引き起こします。カロリーを控えて、栄養のバランスの良い食事を摂り、仮にメタボになったとしても未病の段階で止めること、できれば脱メタボすることが脳血管性の認知症の予防につながります。

　脳血管性の認知症を予防する食事、運動は、脳トレと併せるとアルツハイマー型認知症の予防にもつながるので、一石二鳥です。

高齢になったら、しっかり食べること！

　注意しなくてはいけないのは、一般的に若いころは食べ過ぎないようにすることが健康につながりますが、年を取るとこれは逆効果だということです。特にダイエットは、栄養不良を引き起こし、認知機能の低下や骨・筋肉の衰えにつながります。

　肉を食べて、良質のタンパク質を摂ることも大事です。コレステロールを気にして卵を控えるのは逆効果です。間食も望ましい習慣になります。高齢になったら、意識して食生活を変えていく方がいいのです。

　高齢者の場合、身体が衰えたらそこからはずっと下り坂と思ってしまいがちです。しかし、実はそうではありません。骨や筋肉が衰えて衰弱し、心身の活力が失われた「フレイル」状態に陥っても、良い食事と負荷をかけた運動を組み合わせることにより、元気を取り戻すことはできます。

健診を受けて、早期発見を

　歳をとってから意識したいもう一つのことは、きちんと健診を受けることです。退職して人間ドックの案内が来なくなると、自己負担も高いので、どうしても受診しなくなりがちです。しかし退職した後が、本格的な「がん適齢期」です。

　早期発見すれば、多くのがんは治ります。生活習慣病も、早期なら症状の進行を抑えられます。むしろ、積極的に自分の健康に投資すべきなのです。

CHAPTER 03

15 日本は認知症の有病率が高い

　まず衝撃的なデータからご紹介します。他の先進国と比べると、日本は認知症の有病率が高い国なのです。若年では大きな差は見られないのですが、80歳を超えると有病率に明確な差が出てきます。

　85〜89歳では、アメリカやヨーロッパが約22％、アジア太平洋の先進国が約19％に対して、日本は約32％。90歳以上になると、アメリカが約48％、ヨーロッパが約43％、アジア太平洋の先進国が約40％に対して、日本は約56％です。その結果、日本はOECD諸国で、最も人口当たりの認知症患者が多い国となっています。これは「人生100年」の時代には大きな課題となります。

　なぜ、これほど認知症が多いのでしょうか？　理由は正確にはわかっていません。遺伝的なものもあるかもしれませんが、確実に言えるのは生活習慣の問題です。日本人の食生活は高齢者にやさしくありません。間違った知識に基づく食生活が、認知症を悪化させているリスクが指摘されています。

　同時に、日本人の生活と文化も一つの要因といわれています。認知症は、社会との接点がないと進行しやすい病気です。感情の制御やストレスもよくないとされ、コミュニティに参加せず、人と接することが少なく、感情を表に出さない日本人の社会生活は認知症によくないとも言われています。

日本人は人口対比で認知症が多く、今後ますます増える

国別・年齢階層別に見た認知症有病率

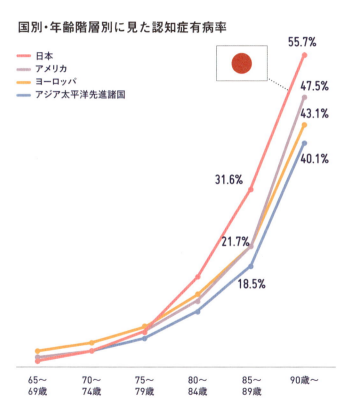

出典：WHO DEMENTIA(2012),「認知症高齢者の日常生活自立度」II以上の高齢者数について（2014.8 厚労省）

人口千人当たりの認知症患者数は？

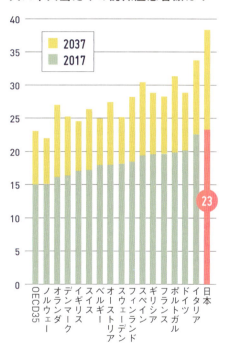

出典：OECD analysis of data from the World Alzheimer Report 2015 and the United Nations.

CHAPTER 03

16

「認知症＝アルツハイマー」ではない

　認知症というと「アルツハイマー」が思い浮かびますが、実はそれ以外のものもあります。認知症とは、認知機能の障害により社会生活が困難になる病気を総称したものです。アルツハイマー型が一番多いのですが、それ以外にもレビー小体型、脳血管型、正常圧水頭症、アルコール性など、いろいろな種類があります。

　アルツハイマー型は認知症の半分を占め、女性が多く発症します。タンパク質（アミロイドβやタウ）の蓄積により脳の神経細胞が壊れ、脳全体が徐々に委縮していきます。記憶の障害、判断力の低下が特徴です。

　レビー小体型は全体の20％を占め、男性に多い認知症です。「レビー小体」という特殊なタンパク質が大脳皮質や脳幹に集まり、神経細胞が侵されます。幻覚や誤認識が特徴で、そこにいない人やヘビなどが見えたり、もう働いていないのに仕事に行こうとしたりします。

　脳血管性は、脳梗塞などで、脳の血管の詰まりや出血によって起こります。脳の細胞が壊れている部分とそうでない部分があるので、物忘れはしても、判断力や専門的知識は維持されるなど、「まだら認知症」になります。脳のダメージを受けた部分によって症状が異なり、自分でもおかしいと思いながらもできないことが増えていきます。

　正常圧水頭症は脳脊髄液が頭にたまり、脳を圧迫することによって起こります。早期発見すれば治療が可能です。

認知症の原因にはさまざまなものがある

認知症の種類と特徴	アルツハイマー型 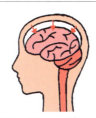 ・女性に多い ・記憶障害、判断力が低下 ・予防、根治は難しい ・悪化防止は可能	レビー小体型 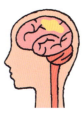 ・男性に多い ・幻覚、誤認識が起こる ・根治は難しいが、症状を抑えることは可能
脳血管性  ・脳梗塞、脳出血によって発症 ・「まだら認知症」になり易い ・生活習慣の改善により予防、悪化防止は可能	正常圧水頭症 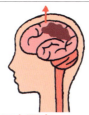 ・脳脊髄液が頭に溜まり脳を圧迫 ・歩行障害、尿失禁を伴う ・早期発見により治療可能	アルコール性  ・アルコールの慢性的な大量摂取が原因 ・暴力性が多く、介護負担が大きい

CHAPTER 03

17 薬や脳トレは効果がある？

　日本では、アルツハイマー型認知症の薬は2種類4銘柄が出ています(2016年)。最も有名なのが、レビー小体型認知症にも使われる「アリセプト」です。作用メカニズムが異なる「メマリー」という薬もあり、認知症が中程度以上に進行してから服薬するとアリセプトなどと相乗効果をもたらします。

　これらの薬は、認知症を根治する(元の状態に戻す)ことはできないのですが、症状の進行を遅らせることはできます。しかし、薬には必ず副作用があります。アリセプトなどでは下痢嘔吐や興奮などが、メマリーではめまいやふらつきを起こすことがあります。認知症を根治できる薬を求めて、製薬会社は巨額の投資をしていますが、はかばかしい成果は出ていません。

　では、治療は難しくても予防はどうでしょう？　たとえば、脳トレは認知症の予防や改善に効果があるでしょうか？　脳細胞の血流を良くして、栄養を送るという意味では、予防的効果があるといわれています。ただ、脳トレ単独で本当に効果があるのか、あるいは脳トレが嫌いな人にはかえってストレスになるのではないか、などと賛否があります。

　一方、脳トレ(認知トレーニング)に食事指導、運動指導、血管リスクの管理を合わせた4つの介入方法を行うことで認知症のリスクが下がったという研究はあり、多面的な介入が有効だと言われています。

食事・運動・脳トレ・血管リスク管理の組み合わせが効果的

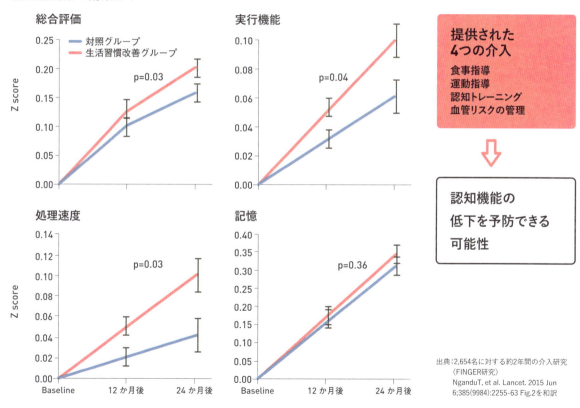

CHAPTER 03

18

中高年の肥満は認知症の危険因子

　2017年末、医学雑誌「LANCET」に認知症の予防、介入についての注目すべき論文が載りました。それによると、アリセプトやメマリーなどの認知症の薬には一定の効果があるので、あらゆる段階の認知症患者に投与してもよいとされています。ただし、初期認知症には効果が薄く、認知症には、薬を服薬することより、その危険因子を減らすことが効果的としています。

　認知症の危険因子としてあげられているのは、中高年の高血圧、肥満、喫煙、糖尿病、運動不足など、生活習慣病の原因因子です。また、抑うつ、社会的孤立、聴力低下、低学歴も高い危険因子とされています。

　認知症に肥満が良くないのなら、高齢者はやせた方がいいのでしょうか？　実は、必ずしもそうではなく、極端にやせることは短命につながります。身長と体重の比率より計算されるBMIを用いた日本の研究があります。特に女性が顕著で、BMIが16以下の女性（たとえば、身長が155cmであれば、体重38kg以下）は、基準値BMIに比べて死亡率が2.5倍。男性もBMIが16台（身長170cmであれば、体重が50kg未満）になると死亡リスクが1.5倍以上にもなります。

　若いうちから良い生活習慣に留意して肥満を避け、高齢になったら極端にやせないよう、きちんとしたものを食べる――これが元気と長生きに通じる秘訣のようです。

肥満は認知症のリスクを高めるが、痩せすぎもいけない

改善が可能な認知症の9つの危険因子

危険因子	相対リスク*	人口寄与割合**
小児期		
11〜12歳までに教育が終了	1.6倍	8%
中年期（45歳以上65歳以下）		
高血圧	1.6倍	2%
肥満	1.6倍	1%
聴力低下	1.9倍	9%
高年期（65歳超）		
喫煙	1.6倍	5%
抑うつ	1.9倍	4%
運動不足	1.4倍	3%
社会的孤立	1.6倍	2%
糖尿病	1.5倍	1%

* その危険因子を持つ人が、危険因子を持たない人に比べてどれくらい認知症になりやすいかを示す
** その危険因子を持つ人がいなくなったら、認知症患者が何%減少するかを表す

出典:Livingston G, et al.Lancet. Volume 390, No. 10113, p2673-2734, 16 December 2017
http://www.thelancet.com/journals/lancet/article/PIIS0140-6736(17)31363-6/fulltext

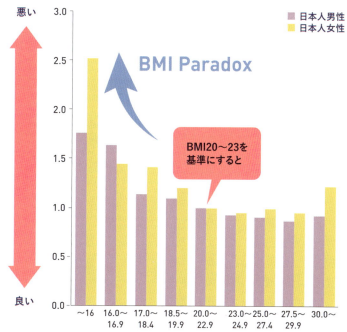

体格指標（BMI）＝体重（kg）÷身長（m）÷身長（m）

出典：TamakoshiAら、Obesity (Silver Spring). 2010;18:362-9引用改変

CHAPTER 03

19

若いうちは
アンチメタボ

政府は、2008年から「メタボリック・シンドローム」（通称・メタボ）対策に力を入れています。「メタボ」はどういう状態を指すのでしょうか？

それは、身体への栄養等のインプットが運動等によるアウトプットを上回り、内臓に脂肪がたまった状態のことです。メタボは生活習慣病の予兆で、高血圧や高血糖等のリスクが相乗的に高まっている状態なのです。

メタボ自体は、未病の段階です。まだ病気ではないので、治療を要しませんが、放置すると脳血管性の認知症や、脳梗塞や重症糖尿病等による要介護状態を引き起こします。

57歳で心筋梗塞を起こした人も、いきなり病気になったのではなく、37歳より肥満になり、自覚症状のないまま徐々に悪化し、最後に倒れました。「幸せな老後」を送りたいなら、まずメタボにならない、あるいは今メタボであれば、そこから脱するよう生活習慣を変えるべきです。

弊社の行っている生活指導では、生活習慣を改善すると半年で約85％の人が体重も腹囲も落とし、3分の1の人が脱メタボしました。カロリーは控えめに、栄養バランスの良い食事を摂り（青魚、大豆製品、野菜を積極的に）、欠食せずに1日3回食べることが大事です。

水分は、不足すると血管が詰まりやすくなるので十分に水分を摂りましょう。

メタボは早めに対策すれば治るが、放っておくと重症になる

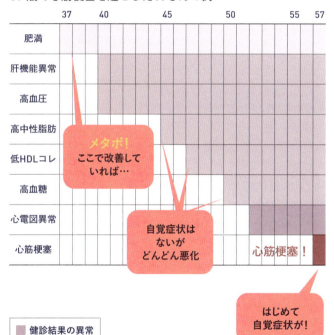

生活習慣病がどんどん悪化していく！
57歳で心筋梗塞を起こしたAさんの例

出典：野口緑氏「生活習慣病健診・保健指導の在り方に関する検討会」

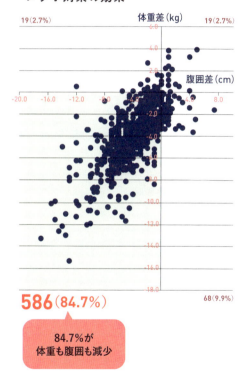

メタボ対策の効果

586（84.7％）
84.7％が体重も腹囲も減少

出典：株式会社メディヴァ 保健事業部実績より

CHAPTER 03

20 高齢になったら、しっかり食べる

　一方、高齢になったら、極端なメタボ対策（特にダイエット）は逆効果です。栄養不良を引き起こし、認知機能の低下や、骨・筋肉の衰えにつながります。
「肉はあまり食べない。おいしいお米があれば、おかずは漬物であっさりと。朝はパンとコーヒーくらいで十分。卵はコレステロールが上がるので避ける。野菜は手軽に、野菜ジュースや果物で。青汁も飲んでいるから大丈夫」──これはよく見られる高齢者の食事風景ですが、「健康な老後」という意味では間違っています。良い食事は、むしろ積極的に摂るべきなのです。

　105歳で亡くなる直前まで活躍された日野原重明先生は、週に2回はステーキを食べていたそうです。

　タンパク質を摂り、低栄養を防止する。米を食べ過ぎないようにして、糖質をコントロールする。味覚が鈍化しているので、塩分に注意する。ヨーグルト、小魚等でカルシウムやビタミンＤを補給して、骨粗鬆症を予防する。繊維の多い根菜類、油を摂って便秘を予防する。水分とミネラルを補給して、脱水を防ぐ──これらが高齢者の食事の基本です。

　さらに、高齢者は口や内臓の機能が低下しているので、調理法や摂取法にも注意が必要です。回数を増やす、間食を入れるなど、若いころは望ましくないと言われた食生活が、かえって推奨されることもあるのです。

高齢者は低栄養や脱水などの食生活に気をつける

高齢者の食事の注意点は？

週2回はステーキ 毎日野菜たっぷり ○

×
- 肉は食べない
- ご飯と漬物であっさりと
- 卵はコレステロールが上がるので食べない
- 野菜ジュース、青汁で十分
- おかゆやそうめんなど食べやすくやわらかい食事……

食事

低栄養の防止
・青魚や肉、大豆等の良質なたんぱく質
・緑黄色野菜、適量の果物の摂取
※肉を避けない

血糖値、脂質、血圧の良好なコントロール
・生活習慣病の予防、悪化防止に準じる
※味覚鈍化による塩分過剰摂取に注意

骨粗鬆症の対策
・カルシウムとビタミンDの摂取

便秘の防止
・根菜類や豆類
・発酵食品や良質な油の摂取

脱水の予防
・水分とミネラル
・水分の多い食事・間食

注意点

①口腔機能低下
・調理の工夫で咀嚼・嚥下しやすいものにする
・誤嚥しないよう食材のかたさや食形態に注意する

②消化能力の低下
・食事回数を増やす
・間食で栄養補給
・消化しにくい食品に注意

③大腸運動機能の低下
・腹部膨満感に注意しながら適量の食物繊維を摂取

④口渇感の鈍化
・こまめに補給
・食事・間食で調整

CHAPTER 03

21

「フレイル」は元に戻る！栄養と運動で、筋肉を増やせ

加齢とともに筋力や認知の機能が低下して、衰弱した状態を「フレイル」と言います。放っておくと要介護になり、やがて死に至ります。高齢者のフレイルは推計で500万人を超え、80歳以上の35％がフレイルといわれています。

フレイルの中でも最近注目されているのは、「サルコペニア」といわれる筋肉が減った状態です。高齢者によく見られる、前かがみになった歩き方や、ゆっくりとした歩き方は筋肉の衰えが一因です。サルコペニアかどうか、簡易に測定する方法があります。ふくらはぎの周りで、指で輪っかをつくってみてください。隙間ができる場合は、サルコペニアの可能性があります。

いったん要介護になってしまうと、元に戻すのはなかなか容易ではありません。ただ、フレイルやその前段階のプレ・フレイルであれば、まだ元に戻せる可能性があります。サルコペニアを防ぎ、または改善するには、タンパク質を摂取することと、負荷をかけた運動が役立ちます。歩くだけでも十分ですが、単に散歩するのではなく、歩幅を広げて、早めに歩くエクササイズ・ウォーキングなどで負荷をかけることです。足に軽いおもりをつけてもいいでしょう。

食事は前述のとおり、タンパク質が重要です。運動だけを行うより、食事と運動を組み合わせると効果が高く、またフレイルでない人と比べると、フレイルの人の方が効果が表れやすいといわれています。

筋肉が落ちるフレイルは簡単にわかるし、改善もできる

フレイルの簡易診断法

新考案「指輪っか」テスト（ふくらはぎの自己評価）

手順 1
親指と人差し指で「指輪っか」をつくる

手順 2
ふくらはぎの一番太い部分に当ててみる

低い ←　サルコペニアの危険度　→ 高い

囲めない

ちょうど囲める

隙間ができる

出典：東京大学高齢社会総合研究機構（2015年）

フレイルは改善できる！

筋肉量（kg/m2）の変化

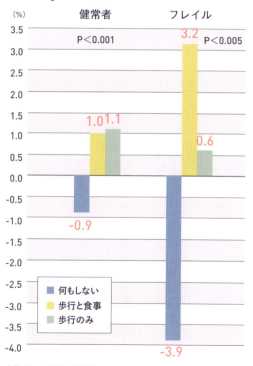

健常者　$P<0.001$　フレイル　$P<0.005$

健常者：-0.9（何もしない）、1.0（歩行と食事）、1.1（歩行のみ）
フレイル：-3.9（何もしない）、3.2（歩行と食事）、0.6（歩行のみ）

■ 何もしない
■ 歩行と食事
■ 歩行のみ

出典：Yamada M,et al 2015

CHAPTER 03　カラダとアタマの健康が「幸せな老後」をもたらす

CHAPTER 03

22

健診をケチるな！

　会社に勤めていると、健康保険組合から毎年人間ドックの案内が来て、それをきっかけに受診する方が多いのではないでしょうか。しかし、定年を迎えて健康保険組合から外れると、この案内は来なくなります。

　ところが、ほとんどのがんの発症率は、年齢が上がるとともに高くなります。ちょうど「がん適齢期」になったころに人間ドックの案内が来なくなるのです。

　定年後、ほとんどの人は市区町村が実施している自治体健診を受けることになります。自治体健診の対象は、胃がん、肺がん、大腸がん、子宮頸がん、乳がんの5つですが、一度にすべてが受けられるようにはなっておらず、生活習慣病の健診が別になることもあります。自治体によって、案内が郵送されてくる場合もあれば、自分で情報を集めなくてはいけない場合もあります。

　面倒だからと申し込まない方もいますが、「がん適齢期」を考えるとぜひ受けてほしいものです。自腹で人間ドックを受診してもいいぐらいです。3〜6万円とそこそこの出費になりますが、元気で幸せな老後をお金で買うと思えば、月額3,000〜5,000円は安いのではないでしょうか。

　がんは早期発見すると、治る確率が格段に上がります。がん全体での5年生存率は65％ですが、早期発見されると90％に上がります。早期に発見すれば、がんは怖くないのです。

定年になるころから、がん罹患が増える（特に男性）

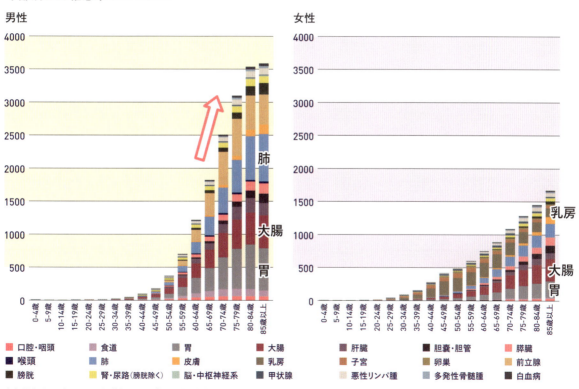

CHAPTER 04

「幸せな老後」は
社会とのかかわりが
もたらす

要約

「認知症になったらおしまい」なのか？

　1972年に発刊された有吉佐和子さんの『恍惚の人』は、社会に大きな衝撃を与えました。この作品では、「恍惚の人」（認知症）になった老人（映画では森繁久彌さんが演じています）は、みんなの顔を忘れ、徘徊し、不潔行為を行い、家族にありとあらゆる迷惑をかけます。そのため、認知症になるとあのようになる、認知症は怖い──そんなイメージを固定化させました。

　アルツハイマー型認知症の根治薬は開発されていませんし、明確な予防方法もわかっていません。このため、「認知症になったらおしまい」という感覚を持つ人は多いでしょう。しかし、最近の研究結果では、そうではないことが明らかになりつつあります。

　アルツハイマー型認知症は脳の細胞が破壊される病気ですが、脳の細胞が破壊されても、「生きがいを持って生きていた」人は、生活能力が低下せず、穏やかに過ごすことができたというのです。これは、多数の認知症の患者の死後解剖によってわかりました。「生きがい」は社会に参加し、他者とのポジティブな関係を結び、自分に自信を持つことから生まれるものです。

「社会的孤立」が認知症の発症の原因？

　同時に、社会参加が認知症のリスクを減らすこともわかってきました。社会参加をすることにより、生活に張りが出て、活動もするので、頭も使い、よく食べ、よく運動するようになります。心身ともに元気になる好循環が生まれるのです。

　しかしながら、残念なことに日本は諸外国に比べて、圧倒的に社会的孤立が高い国です。家族とはつき合いますが、それ以外の友人、知人とのつき合いが極めて少ないのです。このため、家族が亡くなると一気につき合いもなくなります。日本が認知症の発症率の非常に高い国

である要因は、この社会的孤立の高さにも起因するのではないか、と推測されています。

イギリスでは「孤独担当大臣」が新設

　日本に比べれば社会参加が多いとされるイギリスでも、高齢者の孤立は社会問題となっています。2018年には「孤独担当大臣」が選任され、高齢者の社会参加を促進するための政策がとられています。日本も、今よりもっと力を入れてもいいのではないでしょうか。

　さらに日本の場合は、「介護」のあり方が、高齢者の社会参加の機会を奪うこともあります。日本の介護は、高齢者が「自分らしい」生活をすることよりも、高齢者を守り、安全を確保することに重点を置いています。このため「事故の危険性」があると、住み慣れた家から老人ホームや特養などの施設に移します。

　しかし、認知症の人にとっては、住み慣れた場所から離れて新しい友人、知人をつくることは並大抵なことではなく、結果的に孤立に追いやってしまいます。本人にとって良かれと思ってやっていることが、かえって認知症を進行させてしまうこともあるということを知っておきましょう。

CHAPTER 04

23 生きがいを持っていれば、認知症の病状は出にくい

　認知症になるのは怖い、と誰でも思うでしょう。しかし、本当に怖いのは認知症そのものではなく、認知症によって自分が自分でなくなることでしょう。「認知症にかかったらおしまい」と思っている人がほとんどだと思いますが、実はアルツハイマー病が進行することと、自分らしく生活できることは別であることがわかってきています。

　ドイツの研究で、数千人のアルツハイマー患者を亡くなった後に死体解剖し、脳の状態を調べました(さすがドイツですね！日本ではできない……)。その結果わかったのは、アルツハイマーの病状が進行していても、「生きがいを持って生きていた」人は、「そうでない」人に比べると、認知症が進行しても、生活能力の低下は緩やかである、ということです。

　このことは、認知症になった人の「生きがい」を尊重し、その人がそれを追求できるように環境を整備することにより、認知症の症状を抑えることができることを意味しています。

　ここで「生きがい」として定義されているのは、思考と行動の自立、自分の意見に対する自信、自分の環境を自ら管理していること、他者とのポジティブな関係、自己の成長、人生の目標の追求、自分が好きであることなどです。

　認知症になってから「生きがい」を探すことは難しいので、つねに社会とかかわりながら、自立して、ポジティブに生きることが大事ですね。

生きがいを持つと、認知症が悪化しても生活に支障をきたさない

認知症の病理的進行と生活能力の低下

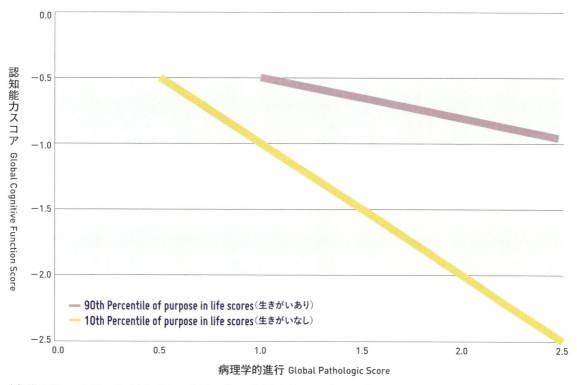

出典：Effect of Purpose in Life on the Relation Between Alzheimer Disease Pathologic Changes on Cognitive Function in Advanced Age - **Boyle, *JAMA Psychiatry*, 2012**

CHAPTER 04

24 社会参加していない人は、認知症を発症しがち

　類似の研究は日本でもされています。社会参加が「ある人」と「ない人」のうち、どちらが認知症を発症するリスクが高いでしょう？　答えは、「ない人」の方です。発症率は、男性は2倍、女性は1.7倍なので、相当な差です。

　東京大学の高齢社会総合研究機構は、社会への不参加が心身の機能の低下をもたらす構造を図式化しました。社会性が低下すると、口腔機能、精神・心理状況、身体活動が低下します。これらは、栄養状態の悪化を招き、身体活動の低下とともに、「サルコペニア」といわれる筋力や身体機能の低下を招き、虚弱状態につながります。

　簡単に言うと、社会との接点がなくなることは、生きがいや生活の張りを失うことです。毎日がつまらなく、食べる気もしないので食べません。しゃべる相手もいないから、しゃべりません。食べないし、しゃべらないと口の機能が落ちて、栄養状態が悪くなります。栄養状態が落ちると、認知症が悪化します。毎日がつまらないから、何となく鬱になります。家で座ってばかりいるので、筋力が衰えます。ますます出歩かなくなり、社会とのつながりが絶たれます。活動しないとお腹も空かないので、ますます食べません。そうするとますます弱って、社会との接点をさらに失う——という悪循環が起こり、いずれ取り返しがつかないほど弱ってしまうのです。

社会参加していないことで、「弱る悪循環」に陥る

社会参加（地域組織への参加）と認知症の発症率

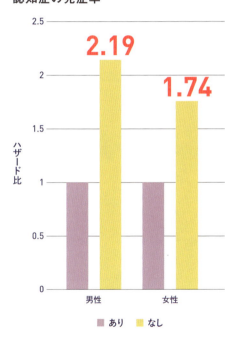

出典：地域在住高齢者における認知症を伴う要介護認定の心理社会的危険因子
AGESプロジェクト3年間のコホート研究 竹田・近藤・平井（2010）

社会性低下による悪循環

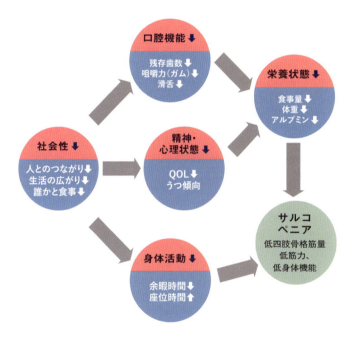

出典：東京大学 高齢社会総合研究機構・飯島勝矢ら
厚生労働科学研究費補助金（長寿科学統合研究事業）「虚弱・サルコペニアモデルを踏まえた高齢者食生活支援の枠組みと包括的介護予防プログラムの考察および検証を目的とした調査研究」（H26年度報告書より）

CHAPTER 04

25 「社会的に孤立」が ダントツに高い日本

社会参加は、高齢者の健康を保つ鍵です。しかしながら、日本はダントツに社会参加が低い国なのです。「社会的孤立の状況」をOECD諸国で比較した調査があります。「友人、同僚等とつき合わない」と答えた人の比率は圧倒的に高くなっています。まったく、またはめったにつき合わない人は15％で、韓国の2倍、イギリスの3倍、アメリカの5倍にもなります。

実際、私たちが高齢者の生活を調査すると、家族以外の誰とも接することがない方が、思った以上に多くいます。夫婦で肩を寄せ合って生きている、という感じでした。夫婦とも元気な間は、仲良く出歩いて微笑ましい風景でしょうが、弱ってくると急激に世界が狭くなります。またどちらかが先に亡くなると、ほとんど誰とも接する機会がない生活になってしまいます。

反対に、誰かと一緒に暮らしていたら良いのかというと、そう単純ではありません。独居か同居かに分けて、ごはんを誰かと一緒に食べているか、独りで食べているかで、死亡リスクの差を調べた調査があります。

意外なことに、一番死亡リスクが低かったのは、「独居で共食」の人たちです。「同居で孤食」の人に比べて、死亡率は40％以上減ります。この人たちの次に死亡率が低いのが「同居で共食」の人となります。

家族でなくてもいいので、積極的に地域にお友達を作りましょう。

日本人は社会的な参加が少ない。同居者がいても解決はせず

国別に見た社会的孤立の割合

友人、同僚、その他宗教・スポーツ・文化グループの人と
まったく、あるいはめったにつき合わないと答えた比率(%)

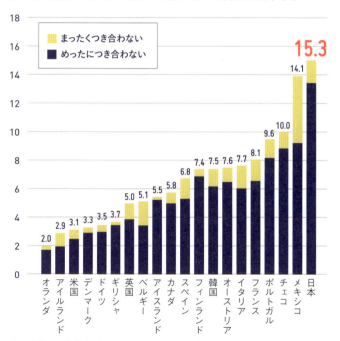

注：原資料は世界価値感調査1999-2002。英国はグレートブリテンのみ。
出典：Society at a Glance:OECD Social Indicators - 2005 Edition

孤食はリスクが高い

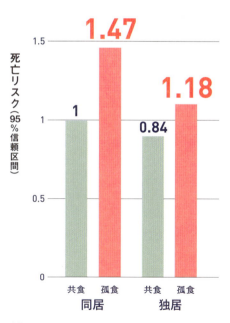

出典：Eating Alone Yet Living With Others Is Associated With Mortality in Older Men: The JAGES Cohort Survey

CHAPTER 04

26 イギリスには「孤独担当大臣」も。地域全体への取り組みを

　昔は歳をとるにつれ、子ども、孫と家族は増えました。また地域のつき合いも自然にありました。しかしながら、現代では歳を取るにつれ、社会が狭くなり、家族も減り、高齢者はどんどん孤独になります。社会参加の機会がない「孤独」な高齢者を減らしていくことは、ご本人だけでなく、社会にとっても大きな課題です。

　イギリスでは、2018年初に「孤独担当大臣」が新設されました。イギリスは人口が6,500万人の国ですが、孤独を感じている人が900万人、1か月以上誰とも会話していない人が20万人いると報告されています。「孤独担当大臣」は、地域の人々を結びつける政策や活動を、民間の協力を得ながら実行に移しています。

　ところで、どのようにして社会参加を促すのでしょうか。特に認知症の人は引きこもりがちなので、自然な社会参加が困難です。

　千葉大学の研究では、認知症の方のみ社会参加を呼びかけたのに比べて、地域の高齢者全体に呼びかけた場合、倍の参加者が得られました。高齢者であり、認知症であったとしても、「認知症向け」という活動ではなく、一般の方向けの活動の方が興味を引くのでしょう。

　食品、衣類、化粧品などでも「高齢者向け」と銘打つと売れませんが、高齢者のニーズに合わせておきながら「一般向け」と称すると売れる、というマーケティングの原則と同じです。

社会参加の促進は、もはや国家的課題

「孤独担当大臣」新設のニュース
（イギリス）

出典：朝日新聞デジタル2018.1.18付

人口 6,500万人 → 孤独 900万人 → 1か月以上会話なし 20万人

地域の高齢者全体に呼びかけた場合の参加率
（要介護リスク7指標における「リスク」者の割合）

通いの場参加率／高齢者人口（平成27年度）
3.7％の半分
1.85％＞0.8％（二次予防事業参加者率）

認知機能 48.7 　半分が認知機能低下者
運動機能 22.9
口腔機能 20
うつ 14.6
栄養状態 13.5
閉じこもり 4.7
生活機能 3.3

出典：厚生労働科学研究費補助金（認知症政策研究事業）Ⅰ．総括研究報告書（平成28年度）1．ポピュレーションアプローチによる認知症予防のための社会参加支援の地域介入研究

CHAPTER 04

27 日本の介護が認知症の社会参加を阻んでいる?

　高齢者、特に認知症の方は、「新しいこと」を覚えるのが難しくなります。知らない場所で生活すること、知らない人とかかわること、知らない人と友だちになることなどは、すべて「新しい」ことで、苦手なことです。

　認知症の人は、住み慣れた自宅や地域で過ごす方が落ち着くようです。なじみのある場所であれば、社会参加のハードルも比較的低くなります。認知症を発症した人を老人ホームに入れると、部屋に引きこもり、悪化することがままあります。帰宅願望が強く、脱走を試みることも少なくありません。

　症状緩和や予後の改善のためには、住み慣れた場所にいた方がいい。本人もそこにいたい。しかし、家族は危険だからやめてほしい——このせめぎ合いが発生します。ケアマネージャーが「認知症の人の在宅生活継続が困難」と判断する要因で一番大きいのは、「事故の危険性」です。万が一のときを考えると、在宅生活は難しいということでしょう。

　ただ、興味深いのは「事故の危険性」があっても、介護サービスによって可能と答えているケアマネージャーがいることと、「絶対無理」と判断する比率が、ケアマネージャーの年齢によって異なることです。これを見ると、「無理」は絶対的な基準ではないのかもしれません。日本の介護はリスクを取らない文化ですが、将来はご本人のためにも変わるかもしれません。

日本の介護はリスクを取らない

ケアマネージャーが、認知症の人の在宅生活継続が困難と判断する要因は？

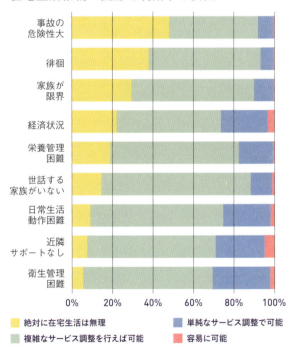

ケアマネージャーの年齢によっても判断が変わる

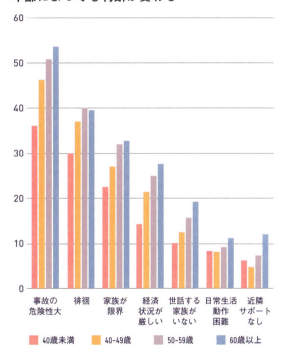

出典:東京都、埼玉県、栃木県、青森県のケアマネージャー　3320名
　　　伊東美緒ら　東京都健康長寿医療センター　2017

CHAPTER 05

限界を迎える
日本の医療・介護制度

要約

毎年1兆円ずつ増えている医療・介護費

　日本の医療・介護は、実は限界を迎えつつあります。日本は、誰でも医療・介護が受けられるという皆保険制度をとっています。しかしながら高齢化により、病人や介護が必要な人が増えて、それを支える人口が相対的に減っているなか、このままではいずれもたなくなると言われています。

　現に、医療費の3分の1は、約1割を占める75歳以上の人が使っています。65歳から74歳の人を加えると、医療費の半分は高齢者が使っている計算です。

　医療費・介護費は毎年1兆円ずつ増え、2人の若い人で1人の高齢者を支えるくらいの重い負担になっているのです。

病院は減っているが、診療所は増えている

　医療・介護の制度を維持するために、政府はまずは支出を減らしています。医療・介護報酬を改定し、できる限り支出を抑制します。また、病床が多いと医療費が増えるので、病床も減らします。124万床あった病床は、115〜119万床になると予測されています。

　高齢化に伴い、今の病院と必要な病院とのミスマッチも問題です。手術をする病院よりも、リハビリをする病院が必要です。さらに、手術をする病院は1か所に集中させた方が、医者の腕も上がります。

　では、病床を減らして、病気の高齢者の増加にどうやって対応するのか？　「在宅医療」が受け皿になることが想定されています。

　経営環境が悪化するなか、病院は減少しています。これに対して、増えているのが診療所で

す。診療所は約26%増えました。これからは、診療所のかかりつけ医が「在宅医療」の受け皿になることが期待されています。

　介護保険も対象者を絞り込む方向です。家事の支援などの生活サービスや、介護認定を受けていない要支援の人は対象から外れます。特別養護老人ホームも、介護度が高くないと入れなくなりました。対象から外れた行為や対象者は、行政や地域のボランティアが提供するサービスや企業による営利サービスが引き受けます。

圧倒的に介護人材が足りていない！

　日本の介護が危ういのは、財政の問題だけではありません。仮に財政が潤沢であっても、介護サービスを提供する人が足りないのです。2025年までに足りない介護人材の数は、なんと日本全国の郵便局の従業員と警察官を動員した規模です。特に、高齢者が集中する大都市でこの課題は顕著になります。

　解決案の一つは、高齢者を地方に移住させること。しかし、それほど大きな成果は出ていません。もう一つは、海外から介護人材に来てもらうこと。法改正をして広く募集すると、介護人材は来てくれるでしょうか？

　実は、すでにアジアの介護人材は奪い合いになっていて、ここでも日本は大きく出遅れています。厚遇する英語圏の国などがあるなかで、よほどの魅力を示さないと、遅れを取り戻すことは容易ではありません。

CHAPTER 05

28 毎年1兆円、急速に増大する医療費・介護保険費

　戦前もしくは終戦直後を舞台にした小説や漫画で、お金がないので病気の家族を医者に診てもらうお金がなくて、悔し涙を流すシーンがありますよね？当時はそれが現実でした。

　金持ちであろうと貧乏であろうと、すべての人が医療の恩恵にあずかれるように、日本は1961年に国民皆保険制度をつくりました。2000年には、同じく介護保険制度ができました。この制度は日本が世界に誇れるもので、保険がなく、医療にかかれない人が2,000万人を超えるアメリカの状況とは無縁です。日本人の長寿化にも、大きく貢献しました。

　ただ、この制度も大きな不安材料を抱えています。高齢化に伴い、病人や要介護者が増え、医療費・介護費が急速に増加しているのです。

　高齢者は、それ以下の層より5倍病気になるといわれています。実際、国民の医療費の36％は人口の13％を占める後期高齢者に、24％は人口の14％を占める前期高齢者に使われています。

　医療費は右肩上がりの一途です。2000年の介護保険制度創設により、医療費の伸びはいったん鈍化しましたが、介護保険費を足し合わせると、どんどん増えているのです。政府は診療報酬、介護報酬の改定を行い、適正化（「抑制」という意味の行政用語です）を図ろうとしています。にもかかわらず、医療費・介護費は毎年1兆円のペースで増えているのです。

医療・介護費の約3分の1は、1割の後期高齢者が使っている

国民医療費+介護給付費の推移

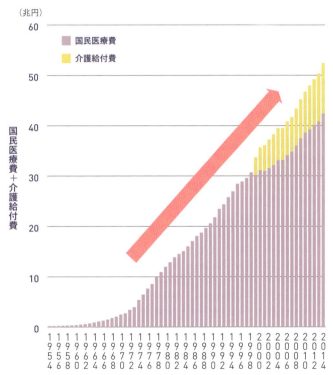

出典：厚生労働省「国民医療費の概況」、「介護分野の最近の動向」

世代別医療費の内訳は？

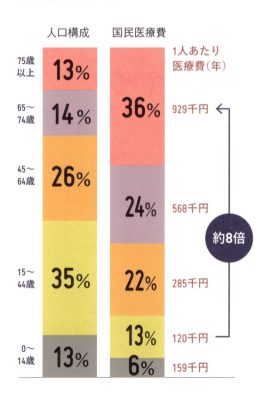

CHAPTER 05

29 日本の社会保障は、「みこし型」から「肩車型」へ

　医療、介護を賄う費用をどういう形で社会から徴収するかには、いろいろな方法があります。税金で賄う方法、保険料を納めてもらう方法、民間保険に任せる方法など、国によって異なります。日本は、保険料を納める制度です。

　日本の医療保険制度は、サラリーマンが加入する健康保険（健保）、自営業者が加入する国民健康保険（国保）、船乗りの加入する船員保険など複数のパターンがありますが、みな何らかの保険に加入しています（収入が少なくて保険料が払えない人には、生活保護制度が別途対応します）。

　たとえば、企業に勤めるサラリーマンの場合、給与から健康保険料や介護保険料が天引きされ、ほぼ同額を会社が払っています。

　この「保険制度」は、当然、保険料を負担する人と、医療費を使う人が釣り合っていることが前提です。ところが、少子高齢化が進むにつれ、このバランスが不均衡になっているのです。

　1965年には、65歳以上の方1人に対して、それを支える20～64歳の人は9人いました。おみこしを担ぐような形です。これが2016年には比率が、騎馬戦のように2対1になっています。これが2050年になると、肩車のように1対1になると推測されています。1対1になれば、もはや保険とは言えません。このままでは、日本が世界に誇る医療保険・介護保険制度が成り立たなくなるおそれがあるのです。

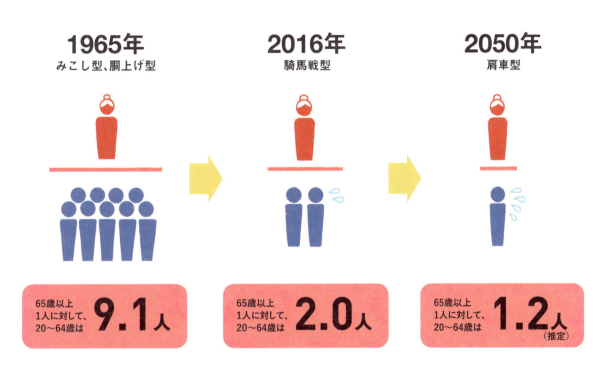

CHAPTER 05

30 社会保障給付費の伸びに、政府は厳しい姿勢で対応

　医療費、介護費以外の大きな社会保障費に年金があります。社会保障費は本来であれば、前述のとおり、徴収する金額と支払いが均衡するはずなのですが、昨今はそれだけでは足らず、税金が投入されています。社会保障費の伸びはGDPのそれを大きく超え、毎年の税金投入額は1兆円規模になり、財政を圧迫しています。

　このままでは国の存立が危うくなりかねず、政府は社会保障費の削減に向けて厳しい姿勢で臨んでいます。

　医療・介護に対して払われる報酬は、原則的に医療が2年に一度、介護が3年に一度に改定されます。医療に関しては、診療や薬の値段を下げることや、病院数の削減を目指すなど、改定が続いています。介護に関しても、サービスの値段を下げる以外に、対象者やサービスを絞りはじめています。

　特に強硬なのは財務省です。2016年の診療報酬改定後に財務制度分科会に出された資料を見ると、診療報酬の改定を行っても総額を抑制できなかった場合は、次回の報酬改定時にさらに下げて、目標値まで下げることを「必達」としています。

　診療報酬を改定しても、対象の患者が思った以上に増えてしまったり、医療機関が儲かるセグメントを追求したりで、予測と実際が食い違うのが必然だったのが、それをも見越して社会保障費を下げるべしという、財務省の強い意気込みが見て取れます。

政府は、毎年1兆円規模で増える税金投入を減らす方向で臨む

社会保障費と税金投入額

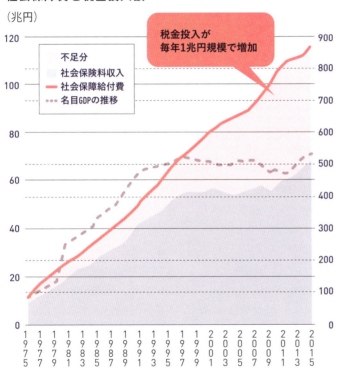

出典：国立社会保障・人口問題研究所「社会保障給付費」、内閣府国民経済計算(2011年基準・2008SNA)

経済・財政再生方針（概念）

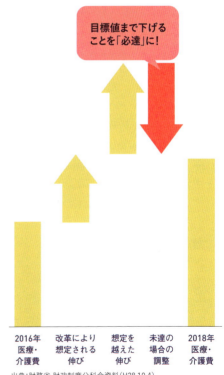

出典：財務省 財政制度分科会資料(H28.10.4)

CHAPTER 05　限界を迎える日本の医療・介護制度　91

CHAPTER 05

31 医療費を下げるには、まず「病床」を減らす

　人口1人あたりの医療費は、地域によって異なります。高齢者の割合によっても差は発生しますが、より大きな要因といわれているのは「病床」（＝病院のベッド）の多寡です。

　都道府県別に病床数と人口1人当たりの医療費を比較してみると、病床数と医療費の間には、高い相関関係が見られます。人口1人当たりの病床数が最も高い高知県は、人口1人当たりの医療費も最高となっています。

　日本の医療の仕組みは、「Fee for Service」制度と呼ばれ、ある診療行為を行うと、それに対する報酬が医療機関に払われます。検査はいくら、投薬はいくらと積み上げていく方式です。一方、海外では「人頭払い」といわれ、管理している患者1人に対しての定額や、「DRG/PPS」という1回の入院当たり定額の方式になっています。日本でも、近年「DPC」という定額方式が導入されていますが、あくまでも「1日当たり」なので、入院が長期化すると1日当たりの単価は下がりますが、総医療費はそれほど下がりません。

　病院経営には大きな固定費がかかります。土地、建物、医療機器に加え、配置しなくてはいけない医師や看護師の数も病床の数に応じて決まっています。このため、稼働率を上げることが病院経営の生命線であり、経営者は「入院患者を増やす」ことに注力するので、病床が多い地域の医療費が増える傾向になるのでしょう。

病床が多いと医療費が増える。まずは病床を減らす方針に

病床数と医療費を都道府県別に見ると？

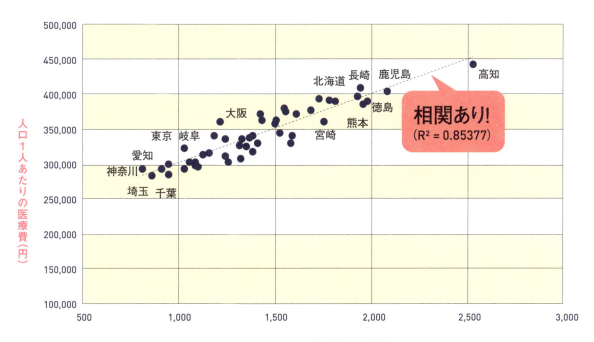

出典：厚生労働省「平成28年度医療施設調査」、「平成27年度国民医療費の概況」

CHAPTER 05

32 質の向上と効率化のために、病院の機能を特化

　多くの病院は、歴史的に「急性期」（手術など）と呼ばれる高度な治療に力を入れてきました。臓器別の専門的な高度医療を追いかける大学の文化も一つの要因だと思いますが、優秀な医師をリクルーティングするためにも、「急性期」の看板は病院にとって大事でした。

　ところが高齢者が増えてくると、急性期ではなく、リハビリや日常生活を支える医療が必要になってきます。

　一方、急性期を担う病院も改革の必要性に迫られています。設備や人員体制を多くの病院に点在させるより、1か所に集めた方が全体の効率は良くなり、質も上がります。医療は職人芸的な修練が必要なので、特定の分野に特化して多くの患者を診た方が習熟するからです。昨今、医師の過労死やメンタル疾患が問題になっていますが、多くの医師が1か所に集まって当直などの業務を分担した方が、負荷を減らすこともできます。

　これらの理由から、多くの病院が少しずつ急性期医療を担うのではなく、病床を減らしながら、急性期以外の機能を増やすことが進められています。2015年には124万床あった病床を2025年には115〜119万床に、そのうち急性期は削減しながら集約し、回復期（リハビリ）を増やします。また、日常生活を支える医療は慢性期の病院でなく、「在宅医療」が担い、30〜34万床分のキャパシティを見込んでいます。

病床を減らし、機能を整理し、在宅医療を増やす

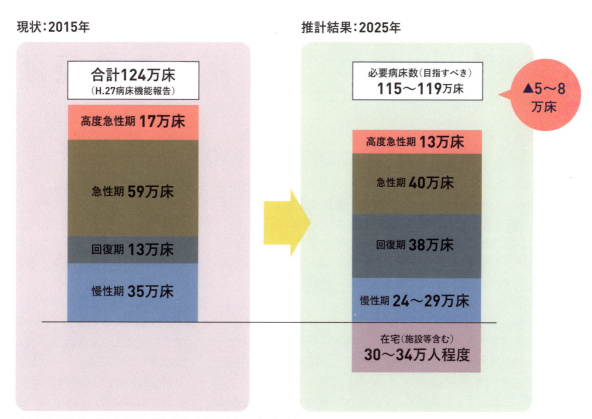

出典：医療・介護情報の活用による改革の推進に関する専門調査会よりメディヴァ改変

CHAPTER 05

33

減る病院、増える診療所

　このような流れの中で、病院経営は年々厳しくなっています。公立病院は8割が赤字、民間病院も4割が赤字です。実際のところ、病院はどの程度減っているのでしょうか？　全体で見ると、1990年から2016年にかけて病院数は15％減りました。1万件あったのが、8,400件になっています。

　小さい病院の方が経営が厳しく、50床未満の小病院は半分以下に減りました。大病院は国立、公立、大学立、公的(日赤、済生会等)の比率が高く、赤字であっても補填されることもあり、経営的に安定している傾向があります。このため、そこまで減少しておらず、400床以上の病院は4％ほどの減少幅です。

　ただ、大病院でも経営が破たんすることもあります。2017年は、岐阜市で372床と199床、合計571床の病院群が80億円以上の負債を抱えて医療界最大の民事再生となりました。医療経営環境が激変するなか、大病院も安泰ではないのです。

　一方、診療所はこの期間に8万件から10万件へと、25％も増加しています。医師は40代くらいから「開業適齢期」を迎えますが、各県に1つずつできた医学部の卒業生が開業適齢期を迎えたのも一因です。「かかりつけ医」を担う診療所が増えるのは望ましいことですが、高齢者の日常生活を支える診療所になるかが課題です。この機能を担うためには、「在宅医療」を提供する診療所になることが期待されます。

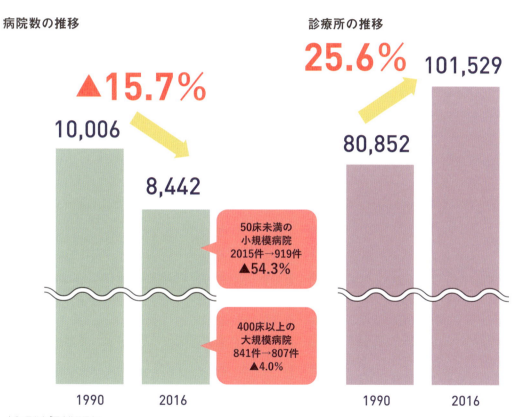

CHAPTER 05

34 介護保険は、対象者を絞り込む方向に

　介護報酬にも大きな変化が見られます。方向性としては、①全体的な単価の切り下げ、②より重症な方への集中、③施設から自宅への復帰、です。

　介護サービスの対象者は、軽い順から要支援1〜2、要介護1〜5と定義されています。「要支援」は、まだ本格的に介護が必要ではない状況で、いわゆる介護予防段階ですが、この群をまず介護保険から外し、各市区町村の事業に移管しました。ただその場合、市区町村は予算が限られているので、今まで受けていたサービスが受けられなくなる可能性が発生します。

　将来的には、要介護1〜2も市区町村に移管されるのではないかと言われています。介護度別に使われているサービスを分類すると、要介護1〜2の場合は、身体介護ではなく生活援助の占める割合が高くなります。生活援助は介護保険の対象ではなく、市区町村の支援や地域のボランティア、企業が提供する有料サービスに移管すべきとされています。

　2015年の介護報酬改定のときには、特別養護老人ホームの単価が大きく減少し、入居者を要介護3以上に限らないと経営的に合わなくなりました。デイサービスも要支援の単価が大幅に低くなったので、受け入れを制限しはじめました。このため、地域の重い要介護者は取り合いになり、軽い要介護者は利用できるサービスがないという状況が起こっています。

介護保険は、より重度の要介護者を対象に

訪問介護利用者のサービス内容

※訪問回数ベース

	要介護1	要介護2	要介護3	要介護4	要介護5
身体介護中心型	31.8%	42.8%	62.9%	77.9%	84.7%
身体介護＋生活援助	17.9%	18.9%	16.9%	13.5%	12.0%
生活援助中心型	50.3%	38.3%	20.3%	8.6%	3.3%

出典：厚生労働省「介護給付費等実態調査」(平成29年4月審査分)
平成29年10月25日財政制度等審議会財政制度分科会提出資料

介護報酬改定の影響

通所介護
介護度が重度の人、認知症の人を受け入れないと経営が厳しい。
要支援の単価が大幅に低くなったため、受け入れを制限しているところもある。大手の事業所も閉鎖しているところもある。

特養
単価が大きく減少した。また要介護3以上の利用に重点化され、受け入れの流れができていないと稼働低下につながっている。

通所リハビリ、訪問リハビリ
リハは「成果を出すための一時的なサービス」という考え方に基づき、通所／訪問リハからの卒業を促す評価指標ができたが、実際に卒業に結びついているケースはほとんどない。

総合事業（要支援向け事業）
従来の要支援向け介護サービスを自治体が踏襲。事業者にとっては、サービスは変わらず報酬が減っている。

CHAPTER 05

35 今後、介護人材は大きく不足

　さらに深刻なのは、介護人材の大幅な不足です。厚生労働省によると、2016年の介護人材数は約190万人でした。団塊の世代が後期高齢者になる2025年には、245万人の介護人材が必要と考えられているので、55万人足りないことになります。日本郵便の従業員（臨時従業員を含む）が37万人、警察官が29万人なので、ほぼ同数の人材が足りません。

　これから高齢者がどんどん増えるのは都市部です。戦後、職を求めて地方から都市部に移住してそのまま定住した多くの人たちが、いっせいに高齢期を迎えます。都道府県別に、高齢者数と増加予測数をランキングすると、上位は東京都、神奈川県、埼玉県、大阪府、愛知県などの大都市とその周辺の県が占めています。しかも、都市部は介護職以外にも就業の機会があるので、都市部における介護人材の需給ギャップは全国平均より高いと推測されます。

　この課題に対応すべく、「日本版CCRC」（Continuing Care Retirement Community）構想など、政府主導の動きもあります。都市部の高齢者が元気な間に地方に移り住んで、健康でアクティブな生活を送ってもらい、将来的にはそこで継続的にケアを受けることを目指していますが、今のところ大きな成果を上げている地方はありません。単に楽しく余生を、ではなく、リタイア後の就労機会の提供や市区町村の介護財政問題の解決など、さらなる工夫が必要でしょう。

介護人材は全国で大きく不足。特に都市部が顕著に

介護人材の需給ギャップ

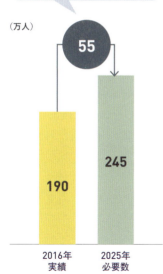

〈参考〉
- 日本郵便の従業員数 37万人（臨時従業員含む）
- 全国の警察官 29万人

都道府県別に見た高齢者の増加状況

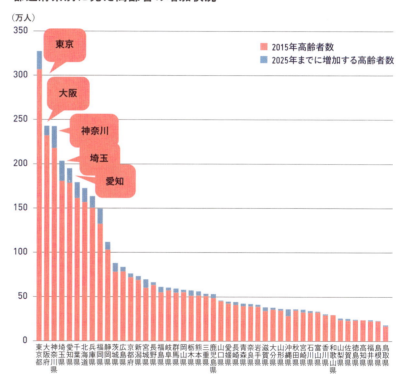

出典：国立社会保障人口問題研究所「日本の地域別将来推計人口（平成30年推計）」

CHAPTER 05

36 国際的な介護人材争奪戦に、出遅れている日本

　いまや日本は、介護だけでなくどの分野でも人手不足に陥っています。日本は移民によって人手不足を補うことについて、あまり積極的ではありませんでした。確かに、ヨーロッパ等の移民を受け入れてきた国々の課題を見ると、介護人材の受け入れは簡単ではありません。さらに、国内では「介護は外国人労働者に任せられる仕事ではない」という批判もありました。

　一方、仮にこれから介護人材の担い手を海外に求めることになると、どうなるでしょうか？ 実は、すでにアジアの介護人材は奪い合いになっていて、日本は大きく出遅れています。

　アジアの国では、介護人材の輸出国トップ3はフィリピン、インドネシア、ベトナムです。これに対する輸入国(地域)は台湾、香港、シンガポールです(中東は詳細不明)。

　フィリピンの看護師は英語が話せるので、シンガポールなどの英語が通じる国や、報酬の良い中東に出向きます。また台湾では、親を老人ホームに入れることは親不孝と見なされるので同居が原則ですが、多層階住居の階段を高齢者をおぶって上下するのに、力の強いモンゴル人の介護ヘルパーが喜ばれているそうです。

　日本にあこがれを持っているアジアの国は少なくありませんが、言語のハードルや、オープンでない文化や環境、必ずしも高くない報酬などのネガティブな要素も多く、出遅れを取り戻すことは容易ではありません。

アジアの介護人材は、すでに他の国に働きに出ている

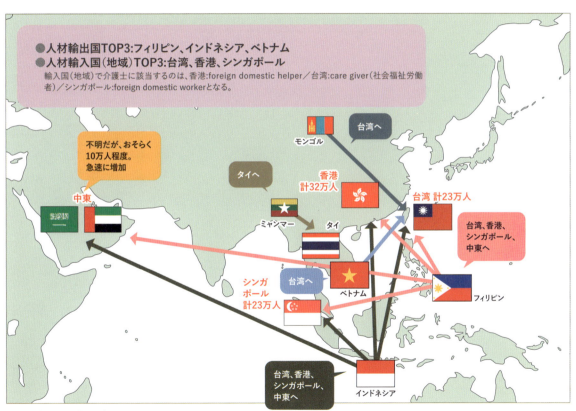

出典:メディヴァ調査(2015年)

CHAPTER 06

「地域包括ケアシステム」という新しい流れ

要約

日本人の8割は病院で亡くなる

　高齢者自身は、医療・介護についてどのような希望を持っているのでしょうか。治る病気であれば、治療してほしいでしょう。でも、治らないとわかったら？　あるいは、終末期はどう過ごしたいのでしょうか？

　日本人の8割は病院で亡くなります。海外では、病院、施設、自宅がほぼ同じ比率です。日本でも、徐々に自宅で終末期を過ごしたい、余計な治療はしないで自然に亡くなりたい、という希望が増えています。特に医師、看護師は、病院の事情がわかっているので、病院より自宅を希望する傾向があります。

認知症患者は、精神病院に入れられている

　療養の場としても、必ずしも病院が最善とは言えません。病院はあくまでも治療の場なので、自宅のように好きなことはできません。若い人でも、入院が嫌いな人は多いでしょう。

　しかも高齢者の場合、入院によって急速に衰えます。特に認知症を患っていると、騒がないように薬で意識を抑えることもあって、動かないので筋力も衰え、元の生活に戻れなくなることもあります。

　反対に、自宅は高齢者を元気にするようです。病院で管理されて生きる力を失っていた高齢者が、自宅に帰って好きな生活をするうちに元気になる──医師はこれを「自宅の持つ力」と説明します。

　ところが、日本では多くの認知症患者は普通の病院ではなく、精神病院で過ごしています。しかも、平均すると1年の長期間にわたって……。先進国で、こんなに多くの認知症患者が精

神病院に入っている国はありません。日本は従来から精神病院が多く、入院期間が長いことが問題になっていました。最近は、薬が良くなって統合失調症の患者が退院したかわりに、認知症患者が増えているのです。

自宅で自分らしく過ごせる「地域包括ケアシステム」の整備を

　医療費の観点では、在宅は大幅な医療費削減につながります。介護保険を使っても、1人入院する費用で、3人の人が家で過ごせます。認知症患者の場合も、1人精神病院へ入院する費用で、3人の人が自宅で過ごせます。

　誰でも、認知症になって精神病院で過ごすのは嫌でしょう。自宅で自分らしく過ごしたい高齢者の思いと、医療費・介護費の効率化を目指す政府の立場を両立させた政策が「地域包括ケアシステム」です。この「地域包括ケアシステム」では、高齢者が住み慣れた生活圏で、医療・介護を受けながら、自分らしく生活できます。

　もちろん、病気になったら入院しますが、可能な限りさっさと退院します。住まいは必ずしも自宅である必要はなく、老人ホームでもいいのですが、住み慣れた生活圏ということが大事なのです。

　この「地域包括ケアシステム」は、2025年までにすべての市区町村で整備されることが法律で決まっているので、急ピッチで整備していく必要があります。

CHAPTER 06

37 自宅での最期を希望する人が増えている

　初めの章でお話ししたように、日本人の場合は、終末期を迎える場所の約8割が病院です。欧米諸国では、病院、施設、自宅がほぼ同じ比率なのに比べると、これは極めて特異です。

　一方、ご本人の希望はどうでしょう？　興味深いのは、医師・看護師の方が一般国民より自宅で最期を迎えることを希望していることもわかりました。一般の方が31％なのに対し、医師、看護師、施設介護職員の場合はそれぞれ約半数となっています。反対に、最期の場所として医療機関を選ぶ方は、一般の方が41％なのに対し、医師、看護師、施設介護職員はその半分です。

　この調査の意味するところは何でしょうか。医師や看護師は「病院で死ぬ」ということがどういうことか、よくわかっているからではないでしょうか。

　たとえば、最期が近くなって食べられなくなると、病院では点滴をします。実は点滴により身体はむくみ、褥瘡（じょくそう）ができやすくなります。痰も増えるので、口から管を入れて吸引しなくてはなりません。延命はしますがつらそうですね。治る見込みがない場合は、無理に水分や栄養（ブドウ糖）を摂らない方が、安らかな最期を迎えることができるのです。

　今後、終末期の過ごし方についての知識が医療・介護職から伝播するにつれ、一般の方の意識も変化するのではないかと思われます。

日本は病院死が8割。医療・介護職は自宅看取りを希望

死亡場所（国際比較）

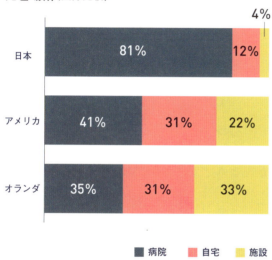

※「施設」の中には、オランダは高齢者ホーム、日本は介護老人保険施設が含まれる。オランダの「自宅」には施設以外の「その他」も含まれる。

出典：日本：厚生労働大臣官房統計情報部『人口動態統計』による2000年時点
オランダ：Centraal Bureau voor de Statistiekによる1998年時点（本編p91）
スウェーデン：Socialstyrelsen Dogen angar oss allaによる1996年時点（本編p48）
※他国との比較のため日本のデータは2000年時点のデータを使用
医療経済研究機構「要介護高齢者の終末期における医療に関する研究報告書」

終末期を過ごしたい場所

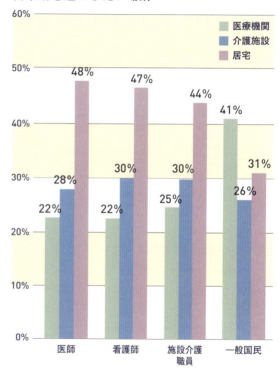

出典：平成26年3月「終末期医療に関する意識調査等検討会報告書」（終末期医療に関する意識調査等検討会）より加工

CHAPTER 06

38 高齢者のQOLは、入院により悪化する

　実際、医療介護の現場では、高齢者のQOL（Quality of Life：生活の質）が入院によって大きく損なわれる例に数多く遭遇します。高齢者でなくても入院を経験された方なら、日にちの感覚がなくなる、筋力が落ちるなど、退院してから日常生活に戻るときに困ったことがあるのではないでしょうか。

　特に認知症を持つ高齢者の場合、自分がなぜ入院しているか、どこにいるのかがわからなくなって、帰宅を試みたり、点滴などの管を抜いたり、暴れたりすることがあります。

　こうなると病院は困るので、薬で意識を落とすなどの抑制をします。しかし、ただでさえずっと寝ていると筋力が落ちるのに、抑制で動けないと、さらに衰えます。また、食べないので嚥下機能も衰えます。このため、点滴で栄養を補給するのですが、これによりさらに食べられなくなり、長期にわたるとチューブで直接胃に栄養を送る「胃ろう」を作ることもあります。

　このようにして、身体機能、嚥下機能、認知機能が衰え、どんどん認知症も悪化し、病気は快復したけれど元の生活には戻れなくなるということは、非常に多く見られるのです。

　実際、高齢者の場合は若い人と比べて長期入院が「ADL」（日常生活を送る力）に大きくダメージを与えることが調査の結果わかっています。できる限り高齢者の入院は避けるべきだと言われるようになりました。

高齢者は若い人と異なり、入院により生活能力が急速に落ちる

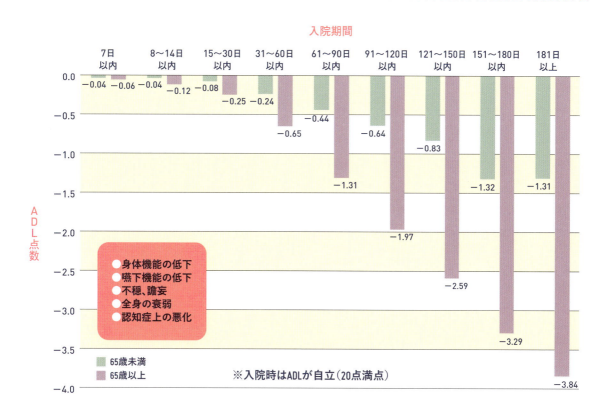

出典:平成25年度中医協総会(11月1日開催)「7対1病院における入院のADLの変化」

CHAPTER 06

39 「自宅」は高齢者を元気にする

　逆に、高齢者を家に連れて帰ったら元気になったという例はたくさんあります。

　巻末で対談する遠矢純一郎氏（桜新町アーバンクリニック院長）から聞いた話です。100歳に近いおばあちゃんが入院していました。ほとんど意識があるかないかわからず、ごはんも食べず、お迎えも近いと思われました。でも家族が、どうしても最後にもう一度家に連れて帰りたいというので、病院はしぶしぶ退院を認めました。

　ほぼ身動きしなかったおばあちゃんが、家に着くと小さな声で何かをつぶやいています。よく聞くと、「おせんべいが食べたい……」。のどに詰まらせるかもしれないので、家族は恐る恐る食べさせてみました。小さなかけらをあげると、飲み込みました。その後、数かけらを順々に飲み込んだおばあちゃんは、突然手を伸ばして、おせんべいを奪い取り、バリバリと食べてしまったというのです。病院の食事がまずかったので、食べていなかったのでしょうか。

　その後、おばあちゃんは元気を取り戻し、何回かの入退院を繰り返し、100歳を超えるまで生きて、自宅で大往生を遂げたそうです。

　この話を、院長は「自宅の持つ力だ」と語ってくれました。「病院」というのは「治療」の場であり、「治療」に役立つように環境やルールが設計されているので、完治する見込みがない患者の居場所としては必ずしも適切ではない、ということでしょう。

病院では寝たきりだった高齢者が、家に帰ると元気になる

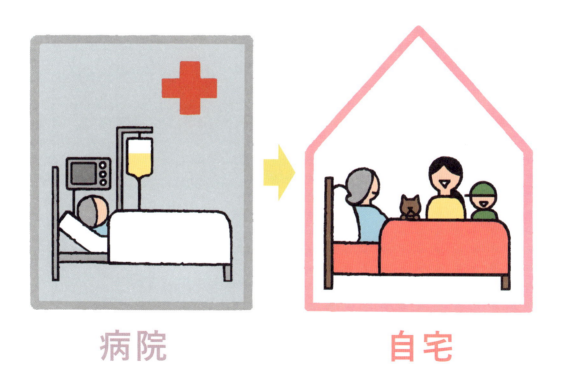

CHAPTER 06

40 精神病院で過ごす日本の認知症患者

　日本の認知症の患者は、どこで過ごしているのでしょうか？ 実は、15％の患者が精神病院に入院しています。世界中で、認知症の人をこんなに精神病院に入れる先進国はありません。オランダはほぼ全員が自宅で過ごします。残りは施設です。他の国も60％以上が自宅で、残りが施設です。

　日本では、認知症患者の入院期間が非常に長いことも問題です。平均すると、アルツハイマー型の認知症で350日、脳血管性で252日と、アメリカ、デンマークの1週間程度、オランダ、スウェーデンの2〜3週間に比べると、格段に長いことがわかります。

　精神病院への入院が多い一因は、日本は精神病院の数が人口対比で欧米諸国の2倍以上と、圧倒的に他国より多いことにあります。さらに新しい統合失調症の薬が開発されたため、入院患者が減っています。統合失調症は、以前は入院するのが一般的でしたが、今では自宅から通院できるようになりました。統合失調症の患者が退院し、空いた病床が認知症患者の入院に活用され、ほぼ同数の認知症患者が入院しています。

　海外では、認知症だけでなく一般的に、精神病患者を病院に閉じ込めるのではなく、地域で生活できるように制度やサービスの整備が進んでいます。日本も大きな流れは同じですが、まだ海外に比べると思い切った手が打ててないことがわかります。

日本の認知症患者は、精神病院に長期間入院している

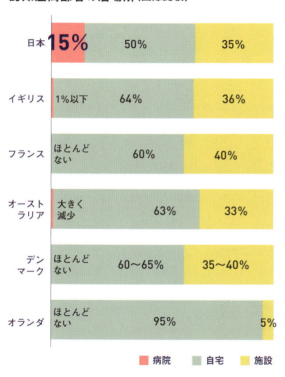
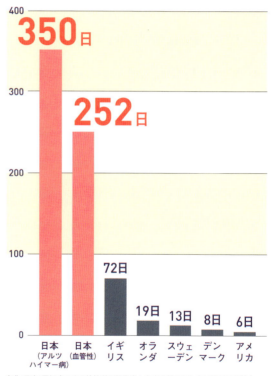

CHAPTER 06 「地域包括ケアシステム」という新しい流れ

CHAPTER 06

41 自宅で過ごせば、入院コストの3分の1

　自宅で過ごすのと入院とで、医療費を比べるとどうなるでしょうか？　入院と自宅での費用を比較するシミュレーションを行ってみました。

　まず1か月間、一般的な病院に入院したとします。特別な手術や投薬がない場合、1か月の医療費は自己負担分も含めて約60万円。これは医療保険から払われます。個人は所得に応じて、この1〜3割を自己負担します。療養病棟に入院すると50万円ほどです。

　一方、同じように家で過ごした場合、1か月の医療費と介護費は約17万円です。これは医療保険と介護保険から払われ、個人の負担は同じく1〜3割です。

　自宅で過ごしたときのコスト(17万円)と、入院したときのコスト(50万円)を比べると3分の1です。別の言い方をすると、1人が入院する費用で、3人が自宅で療養することができるのです。

　認知症の患者の場合も、精神病院への入院、グループホームへの入居、特別養護老人ホームへの入居、自宅を比べると、3：2：1.5：1のコスト割合になります。こちらも、1人を精神病院に入院させるコストで、自宅で3人看ることができるのです。

　患者さんの生活にとっては、自宅、施設、病院の順で良いと言われています。さらに、QOL(生活の質)のためだけでなく、医療保険、介護保険のコストから見ても自宅療養にはメリットがあるため、政府は積極的に推進しようとしています。

CHAPTER 06

42 「地域包括ケアシステム」……住み慣れた街で、ときどき入院、ほぼ自宅

　高齢者が自宅で過ごすことによるQOLの向上と、医療費・介護費の効率化を目指して、政府の大きな方針として打ち出しているのが「地域包括ケアシステム」の概念です。
「地域包括ケアシステム」では、高齢者が住み慣れた日常生活圏域(30分以内)に「住まい」「介護」「医療」「予防」「生活支援」を整備することを目指しています。日常的に病院で過ごすことはありません。もちろん、手術や集中的な治療が必要になった場合は入院しますが、容体が落ち着いたら、入院による悪影響が出る前に、速やかに退院して自宅に戻ります。
　ここでいう自宅は、必ずしももともと住んでいた家だけを意味せず、地域の老人ホームや特養等の施設の場合もあります。自宅や施設には医師や看護師、介護士等が訪問し、それぞれ医療・介護サービスを提供します。
　もちろん、高齢者にとって必要なものは医療介護だけでなく、買い物などの生活の支援、生きがい、社会参加なども重要です。これらのサービスの提供者は、地域の行政やボランティア団体、また高齢者自身になります。
　2025年までにこのようなインフラとサービス体制を、中学校区域程度の大きさの日常生活圏ごとに整備することが、各市区町村の義務として法制化されました。各市区町村は整備に向けて取り組んでいますが、進捗状況は地域によって相当な違いがあります。

ずっと自分らしく過ごせるよう、「地域包括ケアシステム」を整備

地域包括ケアシステム概念図

2025年の地域包括ケアシステムの姿

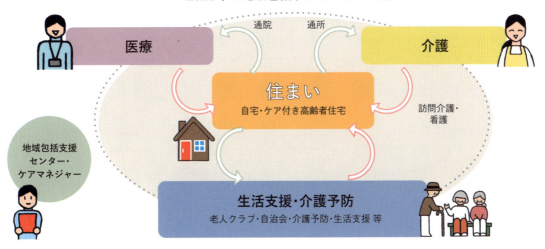

CHAPTER 07

「在宅医療」が できること

要約

「在宅医療」では、自宅が病室になる

「地域包括ケアシステム」の理想は、家で過ごしながら、ときどき入院し、快復したらさっさと退院する状態です。これが成功する重要な鍵は、家にいても十分な医療サービスが受けられることです。

医師が定期的に来て療養を支援し、急に病状が悪化したら、いつでも駆けつけてくれる──このような仕組みを「在宅医療」(訪問診療)と言います。イメージとしては、「自宅」が「病室」になる感じです。

今や、高度な医療も行える在宅医療

在宅医療では、医師だけでなく看護師、リハビリ等の療法士、薬剤師、介護士などいろいろな人がかかわって患者さんや家族を支えます。

生活環境を見ながら、その人の価値観、家族の思いや看護・介護力に合わせて治療やケアを提供します。自宅で亡くなりたい、看取りたいという場合は、その人や家族の状況に合わせて希望に添えるようサポートします。在宅医療の患者は、全国で70万人ほどいて、この5年間で60%も増えました。

一方で、病院から退院しなくてはいけないことに不安を覚える人もいるかもしれません。しかし実は、最近の在宅医療はとても進んでいます。手術は当然できませんが、療養の面では病院と匹敵する環境になっています。がんの末期の方や、かなり重症な患者も扱えます。特に近年は、ベッドで撮影できるレントゲン、手のひらサイズの超音波診断機などなど、機器の開発も進んでいます。

一概には言えませんが、専門的に在宅医療に従事する診療所の中には、高度な医療を提供する病院と同じくらい重症な患者さんを看ているところもあります。
　こういう診療所だと患者数は常時400人を超えていますから、400床の大病院と同等の数の患者を看ていることになります。肺炎など、通常であれば病院に送る患者も、自宅で治す体制や仕組みを持っています。

在宅での療養期間は意外と短い

　在宅医療を上手に使うと、患者は家に帰ってくることができます。今や、高齢者だけでなく、障がいをもった赤ちゃん、若年・中年のがん患者などにも広く使われています。
　ところが、人生の終末期を在宅で過ごそうと思っても、その療養期間は意外と短いのです。認知症や脳卒中などであれば数年に及ぶこともありますが、がんの場合は1.5か月が平均で、1日などと極端に短いケースもあります（患者が「家で死にたい」と言うので、最期に連れて帰ったケースなどはこうなります）。
　短くなる一因は病院にあります。「この病状では退院は無理」と病院が言うことも多いのですが、在宅医療には受け止める力があるので心配はいりません。家で在宅医療を受けながら、病院の外来にかかることもできますし、容態が急変しても希望があればまた入院することも可能なのです。

CHAPTER 07

43 「在宅医療」では、「自宅」が病室、「地域」が病院

「地域包括ケアシステム」が成功する重要な鍵は、自宅に訪問してくれる医師・看護師の存在です。このような医療を「在宅医療」（訪問診療）と呼びます。一昔前は家まで往診してくれる医師がいましたが、それに似ています。

「在宅医療」の対象患者は、脳血管障害、認知症等を患う高齢者が多いのですが、がんの末期で家に帰りたい人や障がいのある子どもなども看ます。

「在宅医療」は、患者さんの「自宅」が「病室」になったものと思えば、イメージしやすいでしょう。病室に入院していると、医師が回診に来ますが、「在宅医療」では自宅に定期的に訪問します。医師だけでなく、看護師やリハビリ等の療法士、薬剤師、介護士など、いろいろな職種の人が必要に応じて訪れてくるのです。これらの人々は、地域内のさまざまな法人、機関に所属しているので、「地域」全体が病院になったようなものです。

在宅医療の一つの特色は、24時間365日対応です。入院しているときには、ナースコールを押すと、夜中であっても看護師や当直医が来てくれます。在宅医療を専門的に提供している「在宅療養支援診療所」の場合も、24時間365日の電話応対、緊急往診を約束しています。現在、この「在宅医療」を受けている患者は急激に増えて70万人ほど、5年間で60％も増えました。

在宅医療を受ける人は70万人に増加

在宅医療のイメージ

- 在宅医
- 訪問看護師
- 訪問薬剤師
- 訪問リハビリ
- 介護施設
- ケアマネジャー
- ホームヘルパー
- 患者さんご家族

24時間365日OKです！

訪問診療患者数の推移

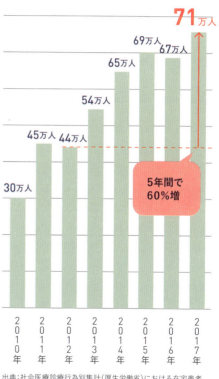

- 2010年 30万人
- 2011年 45万人
- 2012年 44万人
- 2013年 54万人
- 2014年 65万人
- 2015年 69万人
- 2016年 67万人
- 2017年 71万人

5年間で60%増

出典：社会医療診療行為別集計（厚生労働省）における在宅患者訪問診療科の月間算定件数

CHAPTER 07

44 在宅医療では、「生活の場」を見ながら治療・ケアを提供

　在宅医療は、患者の生活の場で行うので、自然と「病気」だけでなく「患者」を看ることになります。訪問するとどういう暮らしをしていたのか、価値観や好き嫌いなどがわかります。患者本人だけでなく、家族の思いや不安もわかります。それらを総合的に理解しながら、患者と家族にとって最も良い療養や終末期を設計します。

　初回の訪問は、コミュニケーションに特に時間を割きます。これまでの治療経過、病状に対する理解、今後どう過ごしたいか、最期をどこでどう過ごしたいか、を本人や家族に確認するとともに、介護体制や環境を整えます。

　容体が落ち着いている場合は、2週間に一度ほど定期で訪問します。訪問看護師、訪問薬剤師、ケアマネージャー、介護士と集まって、家族も交え、より良い療養に向けてのミーティングを行うこともあります。

　緊急事態が起こった場合は、医師・看護師は24時間、365日応対することが義務づけられています。電話ですむ場合もありますが、より緊急性が高い場合は往診します。自宅での対応が難しい場合は、本人・家族の希望を確認しながら病院に搬送することもあります。

　ただ、入院が長期化すると患者の生活能力が下がるので、できるだけ早期の退院を目指します。また、患者の病状の安定に努めて、入院を未然に防ぐことも在宅医に求められる役割です。

在宅医療は、生活や希望に合わせた医療を提供できるのが強み

在宅医療の初回訪問

- これまでの治療経過はどうだったか
- 病状をどのように理解しているか
- 今後どのように家で過ごしたいか
- 最期をどこで過ごしたいか
- 介護体制、環境はどうなっているか

⬇

**診療の8〜9割は
コミュニケーションに費やされる**

＋

生活をささえるケアと
医療上必要なケアを
医療者と介護者が
一緒に検討し、
整備する

患者の生き方・価値観を大事にする．
（いままでどんな人生を歩んできたのか……）
家族の不安や思いにも耳を傾ける．

在宅医療の定期訪問

- 医師、看護師の2名で訪問
- 定期訪問は1〜2週間ごと
- 前回訪問時からの状態の変化を確認
- 緊急コールや臨時往診は
  年中無休24時間体制

⬇

- 病状の安定に努め、
  急変や増悪の発生を抑制
- 急変や増悪時に迅速に対処し、
  入院リスクを軽減
- 入院になった場合、
  できるだけ早期退院を目指す

出典：メディヴァ調査

CHAPTER 07

45 今や、病院に匹敵する「在宅医療」

　近年、在宅医療は急速に進歩しています。手術はできないにせよ、病院に匹敵する療養が自宅で可能となりました。がん、脳梗塞後遺症、神経難病、心不全、腎不全、慢性呼吸器不全など、かなり重症な患者も扱っています。がんの末期を含む各種の疼痛コントロール、食事を摂れなくなった患者に高濃度の栄養を血管から送り込む中心静脈栄養、人工呼吸など以前なら病院で行われていた医療も実施可能です。

　かつての在宅医は、聴診器のみを提げて訪問診療に回っていましたが、最近は在宅医療専用の検査、治療、処置機器も多く開発されています。

　自宅のベッドで撮影できるレントゲンや手のひらに乗るほど小さい超音波診断機、嚥下能力を測るための内視鏡や、それを見るためのタブレット用のソフトも開発されています。在宅医療は今後の成長ポテンシャルが見込める市場なので、各社開発に力を入れているのです。

　在宅医療向けの機器は、海外では軍が前線で使っていたものを転用することもあるそうです。日本のメーカーは、在宅でも病院でも使えるようにといろいろな機能を付加したがる傾向があり、結果的に自転車で持って回れるくらい手軽なものはあまりつくっていませんでした。

　ただ、最近は在宅医療市場が注目されていることもあり、先ほどのレントゲンのように、良いものが出はじめています。

在宅医療に使える各種機器が開発され、高度な医療も可能に

在宅医療の診療内容と機器（例）

主な疾患
- 脳梗塞後遺症
- 神経難病
- パーキンソン病
- 筋萎縮性側索硬化症
- 悪性腫瘍
- 高血圧
- 心疾患
- 骨折後遺症
- 糖尿病
- 関節リウマチ
- 慢性呼吸不全
- 肺気腫
- 腎不全

×

可能な管理・処置
- 胃ろう・腸ろう・経鼻経管栄養
- 在宅中心静脈栄養
- 在宅自己注射
- 在宅酸素療法
- 在宅人工呼吸器
- 膀胱留置カテーテル
- 気管切開カニューレ
- 在宅疼痛コントロール

×

臨床上の課題
- 嚥下障害の診断と治療
- 肺炎予防
- 呼吸状態の管理
- 栄養管理
- 褥瘡（じょくそう）管理
- 糖尿病管理
- 認知症のフォローアップ
- 血圧コントロール
- 便通コントロール
- 排尿コントロール

1 小型超音波診断機
2 在宅中心静脈栄養ポンプ
3 在宅酸素療法用酸素濃縮器とボンベ
4 在宅人工呼吸器
5 ポータブルレントゲン

出典：メディヴァ調査

CHAPTER 07

46 専門的な「在宅医療」は、「病院医療」を超えた？

　複数の医師が勤務し、在宅医療に専門的に従事する診療所は、全国で100か所ほどあります。これらの患者のプロファイルを見てみると、急性期病院の入院患者と同じくらい重症であることがわかりました。

　病院には、どの程度重い患者を入院させているかを測るために、「重症度・看護必要度」という指標が設定されています。この基準に基づく急性期病院(「7対1一般病棟入院基本料」)における重い患者比率と、在宅医療を専門的に展開している桜新町アーバンクリニック(世田谷区)の比率はほぼ同等でした。

　イメージがわきやすいのは、患者数と看取りの数でしょう。桜新町アーバンクリニックは常時420名の患者を訪問し、年間120名を看取っています(2017年度)。これは420床の病院と同じ患者数を診ていることになり、3日に一度看取っているわけです。看取りの多くはがんの末期患者です。

　このクリニックでは、常勤医が6人、非常勤医が4人、看護師13人、薬剤師が1人、ソーシャルワーカー、作業療法士、管理栄養士、ケアマネージャー等が在宅医療に従事しています。そのほか、当直医もいます。

　医師の数では小さな病院より多いくらいです。朝、いっせいに車に乗って出動する光景は壮観です。

在宅医療の専門クリニックは、病院より重い患者も看ている

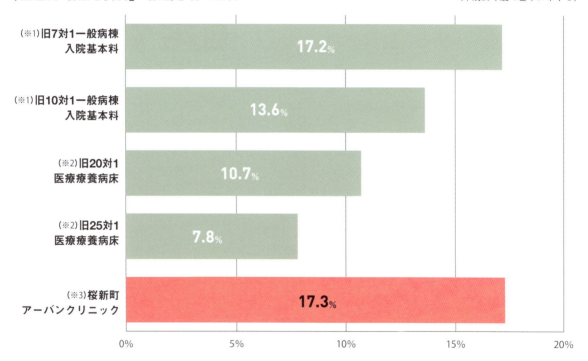

CHAPTER 07 「在宅医療」ができること 131

CHAPTER 07

47 肺炎も自宅で治せる

　日本における高齢者の死因のトップは肺炎です。肺炎球菌、インフルエンザ菌等や誤嚥が原因ですが、体力の落ちた高齢者にとっては、文字どおり命取りになります。仮に快復しても、長期入院により足腰が弱り、食べられなくなり、元の生活に戻れなくなる高齢者は少なくありません。

　前述の桜新町アーバンクリニックでは、肺炎を自宅で治すことを考えました。入院を避けて、自宅で治療をするとQOLが保てるからです。

　何となく元気がなくて変だと家族が気づくと、往診を依頼します。医師が行って、肺炎のようだとなると、「肺炎げきたいセット」が運び込まれます。箱の中には、吸引器や検査用のチューブ、薬などとともに、家族に看護方法を指導するためのパンフレットなどが入っています。

　肺炎治療の場合、在宅医療と病院医療で行うことは、ほぼ同じです。ただ、在宅の方が、圧倒的に初動作が早いというメリットがあります。病院に搬送しても、診察し、病床が空くのを待つと治療開始が遅れます。在宅医療の場合は、素早く点滴を開始し、肺炎を叩けます。

　同クリニックでは、以前は自宅治癒率が63％だったのが、87％に伸び、病院および自宅での死亡者がゼロになりました。また、何よりも快復後に、自宅で生活できなくなって、施設に送られる高齢者もゼロになりました。

機器やプロセスを整備することで、肺炎も家で治せるように

「肺炎げきたいセット」

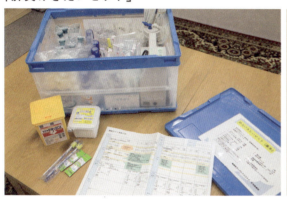
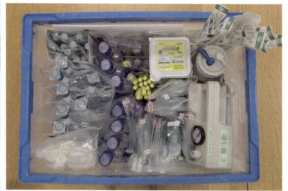

肺炎クリニカルパス／指導用パンフレット／吸引器……1台／吸引チューブ……14本／喀痰培養検査チューブ……1本
ラクテックG……500ml 7本／ロセフィン……1g 7V 点滴セット／カロナール……200mg 6個／アンヒバ坐薬……200mg 3個

家族向け治療パス

家族指導用パンフレット

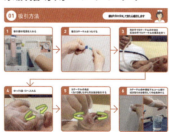

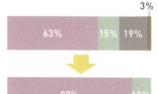

導入前
2014年4〜12月
39人（69例）
63%　15%　19%　3%

導入後
2015年1〜8月
23人（32例）
87%　13%

■ 在宅治癒　■ 在宅死亡
■ 入院治癒　■ 入院死亡

出典：桜新町アーバンクリニック発表資料

CHAPTER 07

48

看取りまで、がんは1.5か月、その他の場合は2.5年

　在宅医療の一つの大きな役割は、自宅での看取りです。いよいよ最期を迎えると、医師は往診し、看取って死亡診断書を書きます。亡くなってから医師に連絡をする家族もいます。

　前述の診療所では、自宅看取り率は9割近く、看取りまでの平均的な自宅療養期間は、がんの場合は1.5か月、脳卒中などその他の疾患の場合は2年半です。ただ、これは平均値で、自宅に戻って半日や1日で亡くなるケースもあります。

　半日や1日では、家に帰っても本人が最期にしたかったことはできなかったでしょう。家族も十分なお別れはできなかったかもしれません。本人・家族も病院にいたほうが安心だと思うかもしれませんし、病院側がこの状態では退院は無理だとしぶることもあります。

　入院は長引けば長引くほど、家に帰ってくることが難しくなります。もしも家で最期を迎えたいなら、早めに主治医と療養方針を話し合うことをお勧めします。

　自宅で病院と同等の環境を整えることはできます。退院して在宅で療養しながら、通院して治療を続けることも可能です。介護保険は使えますし、自費で看護師・介護士を雇うこともできます。地域によってはボランティアもいます。どのような段階でも、家に帰ることは無理ではないのです。院内の地域医療連携室に相談すると、住んでいる地域の在宅医を紹介してくれます。

在宅医療の患者の多くはがんか認知症。約9割は自宅で看取られる

在宅医療（桜新町アーバンクリニック）の患者プロファイル

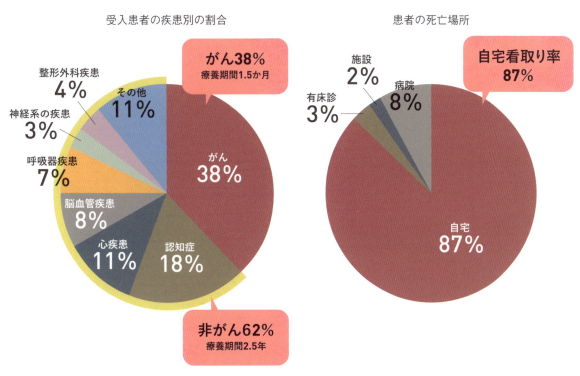

受入患者の疾患別の割合

- がん 38%　療養期間1.5か月
- 認知症 18%
- 心疾患 11%
- 脳血管疾患 8%
- 呼吸器疾患 7%
- 神経系の疾患 3%
- 整形外科疾患 4%
- その他 11%
- 非がん 62%　療養期間2.5年

患者の死亡場所

- 自宅看取り率 87%
- 自宅 87%
- 病院 8%
- 施設 2%
- 有床診 3%

出典：桜新町アーバンクリニック　平成25年実績

CHAPTER 08

「在宅医療」の担い手が足りない

要約

在宅医療を担う診療所は、むしろ減っている

　在宅医療を担う「在宅療養支援診療所」(在支診)。今後高齢化が進むと、在支診の需要はますます増えることが予測されています。

　ところが、在支診は必要な数にまったく足りておらず、2014年をピークにむしろ減っています。在支診に手を挙げている診療所は1割強に過ぎず、しかもそのうち約半分は実質的に機能していないのです。

　将来的に年間40万人の「看取り難民」が発生する可能性があります。この数を看取るためには、すべての内科診療所が在支診になる必要があります。はたして、このギャップは埋まるのでしょうか？

なぜ、「在宅療養支援診療所」は増えないのか

　そもそも診療所は、なぜ在支診に及び腰なのでしょうか？　その一つの理由は、在支診には、24時間365日の対応が求められることです。患者の容体が急変したら、夜でも休日でも電話がかかってくるでしょうし、往診にも行かなくてはなりません。患者さんが夜中に亡くなることもあります。

　日本の診療所は、ほとんどの場合、医師は1人しかいません。しかも、平均年齢は60歳以上と高齢化しています(70歳以上の医師も20％ほどいます)。60歳を超えた医師が、夜中起こされて往診に行くのは体力的にも厳しいですよね。働き方改革が求められる時代に逆行しているとしか思えません。

24時間対応を実現する鍵は「仕組み化」

では、海外ではどうでしょうか？ 在宅医療が広く普及しているイギリスでは、24時間対応の負担を軽減する「仕組み」ができています。地域の診療所が手を結び、夜間・休祝日対応をOHS（Out of Hours Service：時間外サービス）に外注しているのです。

OHSには、医師、看護師が24時間対応で詰めています。地域の診療所の医師がアルバイトで入る場合もあります。

ポイントは、地域で患者のカルテ情報がすべて電子化されているので、それを見ながら対応できることです。

日本でも成功例が出てきている

日本にも、複数の在支診が手を組んでOHSと同じような仕組みをつくって成功しているケースが出てきました。しかし、このような取り組みをしている在支診はまだ一部だけです。

患者や家族として必要になったときに在支診を探すのは苦労するかもしれません。将来、生活習慣病が悪化したり、認知症になったりしたときに、自宅で療養したい人は早めに近所にかかりつけ医を持っておくことが肝要です。

CHAPTER 08 49

在宅医療を支える診療所は減っている

　24時間365日体制で在宅医療を提供している診療所は、「在宅療養支援診療所(通称・在支診)」と呼ばれます。在支診は、24時間365日の電話、往診対応以外に、緊急時には病院に紹介すること、その際には患者情報を連携することなどが決められています。

　診療費は医療保険、介護保険から払われます。患者の負担金額は患者の住まいのタイプによって異なり、戸建て、マンションなどの場合は月額5〜7,000円、有料老人ホームやサービス付き高齢者住宅の場合は2〜3,000円です(1割負担のケース)。

　在支診が地域に存在して、高齢者の療養を支援することは、地域包括ケアシステムのキモです。しかしながら、需要に供給が追いついていないという問題があります。現在、「在支診」の数は約1万4,500件で、これは全診療所の約13％、内科診療所数の4分の1です。

　将来、年間40万人の「看取り難民」が出現すると言われていますが、これに対応するとなると、シミュレーション上はすべての内科診療所が参加しないと足りません。

　しかも、在支診は、増えるどころか減っています。2014年の1万4,662件をピークに、2018年は1万3,696件で、約1,000件も減っているのです。特に減っているのは「従来型」と分類される、地域のかかりつけ医が運営する在支診です。

「在宅療養支援診療所」は、この1年で6%も減っている

出典：H19～H27の実績は第343回中央社会保険医療協議会資料（平成29年）。H29の数値は届出受理医療機関名簿（平成29年1月HP掲載時点）、H30の数値は届出受理医療機関名簿（平成30年2月HP掲載時点）をもとに（株）メディヴァが独自に集計

CHAPTER 08 「在宅医療」の担い手が足りない 141

CHAPTER 08

50 「在宅療養支援診療所」の半分は実質的に稼働せず

　さらに問題なことに、実質上稼働していない在支診があります。在支診として届け出ると報酬が上がるので、在宅患者が来た場合に備えて届出だけを出している診療所があります。その結果、1割の在支診には在宅患者がいません。

　また、3分の1では患者はいても、看取りをしていません。最期の時を迎えたら病院に送っているのでしょう。在支診の大きな役割は「看取り」です。「看取り」をやっていない、ということは在支診として機能していないことと同義です。この結果、在支診の半数弱は実質的に機能していません。

　一因は、診療所院長の高齢化でしょう。医師のキャリアパスは、まずは大学の医局等で勤務し、専門家としての研鑽を積んで、その後開業します。「開業適齢期」は40代くらいなので、どうしても診療所の院長は平均的に高齢になります。

　診療所の医師の平均年齢は60歳で、病院の勤務医と15歳程度の差があります。70歳以上が18％、60代が29％です。高齢の院長を夜中に叩き起こして往診してもらうと、院長の方が倒れてしまうのでは、と心配になります。

　実際、在支診にならない理由にも、「24時間対応の負担」が多く見られます。世の中が「働き方改革」に進んでいるなか、診療所医師に24時間対応を求めるのにはそもそも無理を感じます。

「在支診」の稼働率が低いのは、開業医の高齢化も一因？

在宅療養支援診療所の稼働状況

在支診の患者数

届け出のみが 10%

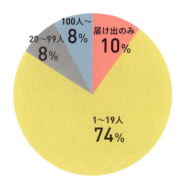

- 届け出のみ 10%
- 1〜19人 74%
- 20〜99人 8%
- 100人〜 8%

在支診の在宅看取り数

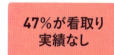

47%が看取り実績なし

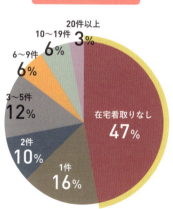

- 在宅看取りなし 47%
- 1件 16%
- 2件 10%
- 3〜5件 12%
- 6〜9件 6%
- 10〜19件 6%
- 20件以上 3%

出典：厚生労働省保険局調べ

医師の年齢区分別割合

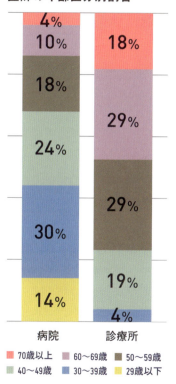

病院: 70歳以上 4%、60〜69歳 10%、50〜59歳 18%、40〜49歳 24%、30〜39歳 30%、29歳以下 14%

診療所: 70歳以上 18%、60〜69歳 29%、50〜59歳 29%、40〜49歳 19%、30〜39歳 4%

■ 70歳以上　■ 60〜69歳　■ 50〜59歳
■ 40〜49歳　■ 30〜39歳　■ 29歳以下

出典：平成28年医師・歯科医師・薬剤師調査の概況

CHAPTER 08

51 イギリスでは「仕組み」で、24時間対応を実現

　在宅医療は、欧州では一般的に普及しています。イギリスでは、病院だけでなく自宅で緩和ケアを受ける権利がすべての患者に保障されています。がんを含めたすべての病気が対象となります。ホスピス病棟に勤める緩和ケアの専門医が地域に出て、かかりつけ医(GP；General Practitioner)をバックアップし、充実した在宅緩和ケアを提供します。

　イギリスの患者は、必ずかかりつけ医(GP)を決めています。GP診療所は患者からの外来、在宅、相談を24時間365日対応で請け負っています。GP診療所で治す病気もあれば、病院や専門医に紹介する場合もあります。

　GP診療所は日本の診療所とは異なり、複数の医師がいます。さらに、夜間休日の対応は地域で決めたOHS(Out of Hours Service；時間外サービス)に外注しています。OHSの運営者は、NPOの場合も営利団体の場合もありますが、地域には複数存在し、契約更新時には質とコストのコンペが行われます。

　地域の患者のカルテ情報はすべて電子化され、OHSと共有されています。OHSには専属の医師もいますが、地域の医師もアルバイトとして参加します。患者はOHSに電話をし、相談をします。必要があればOHSが運営する外来に来院するか、医師や看護師が往診に出向きます。イギリスではこのようにして、24時間対応の負荷を「仕組み」で解決しているのです。

イギリスの診療所は、地域でまとめて24時間対応を外注

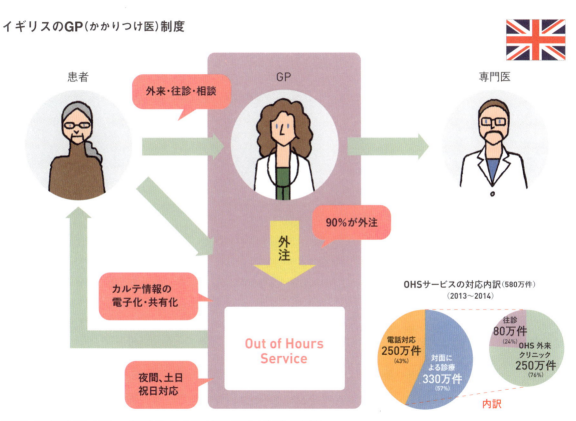

CHAPTER 08

52 日本でも可能な「仕組み」で在宅医療

　日本でも、「仕組み」で24時間対応の課題を解決している在支診はあります。前述の桜新町アーバンクリニックでは、同じ法人に属する複数の診療所と組んで、OHSと同様の「仕組み」を構築しました。

　夜間の電話は、医師・看護師の持ち回りで対応します。往診は、法人内の松原アーバンクリニックの病棟に勤務する当直医が出動します。この仕組みを実現するには患者情報の共有がキモで、医師、看護師が持つスマートフォン上で患者カルテとサマリーを見ることができます。また、スマホ上で病院への紹介状や訪問看護師やケアマネージャーへの指示書を作成することができます。

　この「仕組み」が始まって以来、夜間休日の80％の往診は代理往診に切り替わりました。患者・家族からの不満もありません。

　一方で、いくらスマホ上で共有する仕組みがあっても、肝心のカルテが書かれていないと何も始まりません。在宅医療では医師が診療所に戻ってからカルテを作成するので、長時間労働になりがちです。このクリニックでは、働き方改革の「仕組み」も導入しています。患者宅からの移動中に録音機に先ほど診た患者の情報を吹き込み、看護師に送り、入力してもらうことにより、業務の負荷を約半分にすることができました。浮いた時間は、ワークライフバランスや地域での勉強会に使われます。

日本でも、法人内で24時間対応をまとめたり、効率化する例も

医療法人社団プラタナスの事例

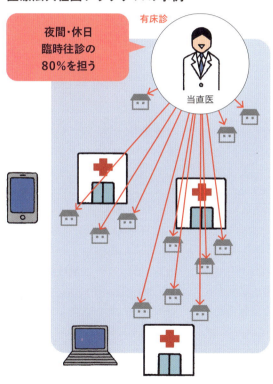

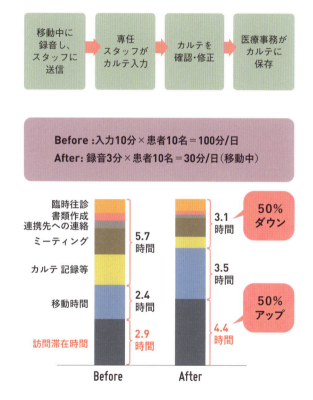

出典：医療法人社団プラタナス

CHAPTER 08

53 質の向上と効率化のカギはIT化

　在宅医療においては、患者の「自宅」が「病室」になります。医師、看護師、ホームヘルパーなどの多くの関係者がかかわりますが、この人たちはつねに一緒にはいません。多くの関係者が適切に患者の情報を共有しながら相談することが、良い在宅医療には不可欠です。

　従来は、患者宅にあるノートに交換日記のように記載し、次に来た人が読んで対応するか、電話で連絡を取っていました。しかし最近は、クラウド上の掲示板にそれぞれが看た患者の状態を書き込むことにより、即時に情報を伝えるようなシステムが普及しはじめています。クラウド掲示板だと写真や動画もアップできるので、褥瘡（とこずれ）の写真や患者の生活ビデオも共有して、専門職のアドバイスを受けることができます。

　看護師等は法的には医師の指示がないと動けないのですが、指示があったとしても、経験が浅いと自信をもって看護に取り組めないことがあります。訪問看護師に、「在宅でがん患者の緩和ケアのために必要な処置を行えるか」ということを聞いたアンケートでは、「自信をもって取り組める」と答えた人は多くありません。しかしながら「専門家に相談できれば取り組める」という人は格段に増えます。専門家が横について相談に乗れるわけではないので、ITをうまく活用することで解決することができます。

ITを活用することで、患者情報の共有や役割分担が可能に

ITによる「自宅＝病室」の支援

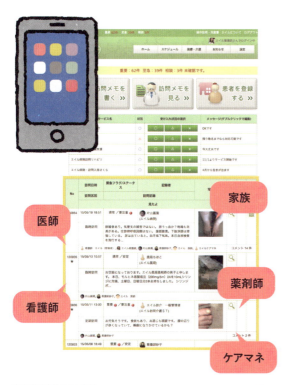

出典：株式会社エイル資料

在宅がん緩和ケア患者への看護

看護師に自信をもって行える処置を聞いた結果

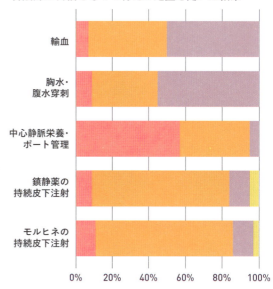

- 自信を持って行うことができる
- 専門家に相談できれば行うことができる
- 対応が困難
- 無回答

出典：中央社会保険医療協議会総会(第205回)資料より抜粋

CHAPTER 08
54 良い「在支診」探しは、まず、かかりつけ医を持つことから

　健康に不安がある人もない人も、近所に「かかりつけ医」を持つべきです。医療制度は、大病院を頂点として、地域の診療所や小さな病院を底辺とする「ピラミッド型」から、患者に寄り添うかかりつけ医を中心とした「円型」に転換しつつあります。

　在支診を担うかかりつけ医もいますし、在支診ではないが、かかりつけ医として自分の患者だけは最期まで看る、という診療所もあります。また自分がやっていなくても、地域の医療事情に明るいので良い在宅医を紹介してくれることもあります。かかりつけ医は地域医療のコーディネーターなのです。

　問題になるのは、「かかりつけ医は××大学病院です」と都心の大病院を挙げる場合。確かにそこに定期的に通っていたかもしれませんが、遠いところにある大病院は自宅まで訪問してくれません。

　健診でがんが発見されたなど、突然病が襲ってくることがあります。根治が難しい場合も、さらに闘う場合も、家に戻りたいと思うなら早めに在支診を探すべきです。かかりつけ医がない場合、病院の相談室に行くと、候補先のリストがあります。

　がんは、痛みの軽減のために頻回な往診が必要になります。確実な24時間対応ができるよう、複数の医師がいるところを勧めます。「単独強化型在宅療養支援診療所」という分類になっていますので、その中でも緩和ケアに強いところ、と探してみてください。

かかりつけ医の役割はますます重要に。自分の患者を看取ることも

医療提供体制に関する方針

- 3次医療
- 2次医療
- 1次医療

- 医療提供サイドの視点で構想
- 大病院重視の構想

かかりつけ医機能（診療所・一般病院）
- 救急医療
- 専門的治療
- 介護・福祉サービス
- 療養機能 在宅医療
- 回復期リハビリ

- 患者を中心にした医療体制
- 病院規模でなく、医療機能を重視

出典：横浜市青葉区人口動態調査死亡表（2011年）

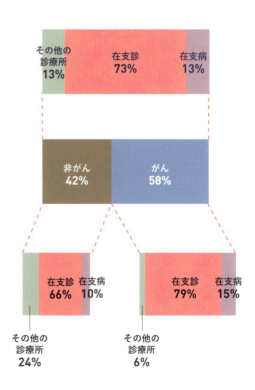

かかりつけ医による自宅看取りの割合

その他の診療所 13% / 在支診 73% / 在支病 13%

非がん 42% / がん 58%

非がん: 在支診 66% / 在支病 10% / その他の診療所 24%

がん: 在支診 79% / 在支病 15% / その他の診療所 6%

CHAPTER **09**

ケアと環境で認知症は変わる

要約

認知症の「問題行動」は抑えられる

　最近、認知症を発症することと、暴力、暴言、物盗られ妄想などの問題行動を起こすことは別だということがわかってきました。後者は前者の二次的な症状で、本人の性格や環境によっても異なります。

　認知症が進むと、本人も何かがおかしいことはわかるので、不安になります。もともと自分を責める傾向のある人は鬱になりますが、短気な人は周りにぶつけてきます。

　認知症になっても感情は残っているので、本人の嫌がることをすると問題行動は悪化します。たとえば、大事なものを置き忘れた認知症患者は、まったく覚えていないので「盗られた？」と思ってしまいます。これを怒って否定すると、「誰かわからない怖い人」と認識され、暴力をふるわれることがあるのです。

認知症ケアの基本となる「ユマニチュード」

　認知症になっても、感情のある人として扱うことは認知症ケアの基本です。その考えを突き詰めた一つの手法が「ユマニチュード」です。

　認知症患者にも、近寄って目線を合わせ、触れ、話しかけることが「ユマニチュード」の原則です。実践することにより、認知症患者との間の信頼関係が生まれ、結果として介護者の負担も減ることが最近実証されつつあります。

　また、認知症になったことが早めにわかると、環境などを整えることで、自分らしく穏やかに過ごせる時間を延ばすことができることがわかってきました。

　イギリスでは、2009年から認知症対策を国家戦略と位置づけ、成果を上げています。認知

症を早い段階で発見し、いろいろな分野の専門家が半年から1年の期間、集中的にかかわりながら環境を整備します。

本人、家族、環境等をきちんと評価して、さまざまな資源をつなぎながら、地域で生きることを軌道に乗せています。

認知症対応にパラダイムシフトを

日本でも、同様な取り組みが「認知症初期集中支援」として始まっています。認知症の初期段階にかかわり、介護保険をはじめいろいろな制度や資源とつなぎ、環境を整備して、病院や施設に入らなくてもいいように支援しています。

感染症にかわって生活習慣病が病気の大部分を占める現代においては、多くの病気に抜本的な根治薬はありません。このため、「薬による治療」だけではなく、未病時の「一次予防」、発病後の「二次予防」と、症状を緩和しQOLを上げる「ケア」や「環境改善」を複合的に行うことが効果的だと言われています。

そういう意味では、認知症という疾患への対応も、「治療」からほかの工程、特に「ケア」にシフトしています。

個々人の状態を正確に評価して、個別性の高いケアをすることや環境整備をすることの重要性が強調されています。これはまさしく、認知症対応におけるパラダイムシフトと言えるでしょう。

CHAPTER 09
55 認知症は治せなくても、症状は抑えられる

　認知症には、記憶できなくなる、物事が認識できなくなる、今までできていたことができなくなるなど、脳の病変や障害により発生する特有の病状があります。これらを認知症の「中核症状」と呼びます。同時に、認知症を発症した人の90％に暴力、暴言、物盗られ妄想などが発生します。これは「BPSD」（行動・心理症状）と呼ばれる二次的な周辺症状です。

　BPSDは、中核症状と本人の性格や環境によって、異なった形で出現します。多くの患者はできることが減ることや、失敗を繰り返すことに不安を感じています。もともと自分を責める性格の人は、抑うつ症状を併発しますが、短気な人は介護者に対して暴力・暴言をぶつけることもあります。

　認知症になっても感情は残るので、本人が嫌がり、混乱することにより、周辺症状は悪化します。逆に、接し方や周辺環境を整えることにより、周辺症状を抑えることができます。最近は、周辺症状は本人に由来する問題というとらえ方ではなく、本人を取り巻く周囲のあり方が問われているという見方も出てきています。イギリスでは、本人が何が好きで、何が嫌かを探り、それに合わせることにより、BPSDを減らしています。

　認知症が疑われる場合、できるだけ早い段階で、認知症の原因と中核症状を把握しておくと、周辺症状の抑制や改善につなげることができるのです。

認知症の中核症状と周辺症状は関連はするが、異なるもの

認知症の中核症状と周辺症状

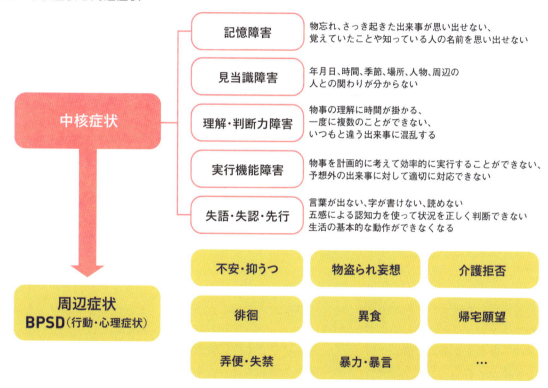

出典：メディヴァヒアリング、認知症ねっと

CHAPTER 09

56 ケアでやっていいこと、悪いこと

　認知症の人は、たとえば財布を置いた場所を忘れて、「誰かが盗った」と疑うことがあります。本人はどこかに置いたことを忘れているので、それが間違っていても、それは本人にとっては起こっていることなのです。

　認知症の人に「盗られた」と言われたら、妄想を責めるのではなく、一緒に探すのがベターです。しばらくすると、探していることも忘れるでしょう。怒ったりすると、「怖い人に怒られた」ということだけが記憶に残り、「怖い人」を追い払うために暴力をふるうこともあります。そもそも置き忘れないように、大切なものを置く、わかりやすい場所をつくるのも有効です。

　認知症になっても感情は残っています。間違うことがわかっている問題を繰り返しやらせる。失禁などの恥ずかしい失敗談を、本人の前で家族から聞く。手助けをせず、日常生活で失敗を繰り返させる——これらはすべて本人を不安にし、自尊心を傷つけ、BPSDの悪化につながってしまいます。

　一方で、BPSDを抑えるのは周り次第ということが、介護者への過度な負荷につながらないよう注意をしなくてはいけません。負荷を集中させず複数の人で分担する、介護を担わない人は口出しをしない、地域の介護者どうしでつながりを持つ、定期的に息抜きを入れるなど、一人で抱え込まないために家庭と社会のインフラ整備が求められます。

認知症の問題行動を悪化させない対応はある

認知症の人への良い対応、悪い対応

出典：メディヴァヒアリング

CHAPTER 09

57 ユマニチュードでは、「見つめる、触れる、話しかける、立たせる」

「ユマニチュード」という言葉をご存じですか？ フランスのイヴ・ジネスト氏とロゼット・マレスコティ氏によって開発された、認知症患者や高齢者へのケアの手法です。

フランス語で「人間らしさ」を意味するユマニチュードは、認知症の患者に「人」として向き合うことにより信頼関係を築き、暴言や暴力などのBPSDを減らします。

ユマニチュードの4つの柱は、①見つめること（同じ目線で、正面から、近くから、長く）、②触れること（広い面積で、やさしく、包み込むように）、③話しかけること（頻繁に、優しく、前向きな言葉で）、④立たせること（1日最低20分）で、150の手法が体系化されています。

その効果は、患者の身になって考えるとわかりやすいです。たとえば風呂に入るために、いきなり立たされ、服を脱がされたら、誰でも恐怖を感じて抵抗するでしょう。認知症の患者を「人として」扱うなら、声をかけて、目を見て、優しく立たせて、風呂に入ることを説明しながら、服を脱がせるでしょう。こうすることにより、信頼関係の中で介護ができるのです。

ユマニチュードは日本全国に広まりつつあり、その手法により、BPSDが抑えられるだけでなく、介護者の負担も減るということが最近証明されつつあります。福岡市のように、街ぐるみでユマニチュードに取り組んでいるところも出てきています。

ユマニチュード方式では、認知症患者も「人」として扱う

ユマニチュードの考え方
知覚・感覚・言語による包括的コミュニケーションに基づいたケア技法
4つの動作を基本に、150の手法を体系化

出典：Yves Gineste「ユマニチュード」関連書籍

CHAPTER 09

58 イギリスの認知症戦略は、初期段階からの集中支援

　イギリスは、2009年に認知症対策を国家戦略として位置づけ、成果を上げています。同国は、「メモリーサービス」による初期集中支援を重視しています。

　メモリーサービスは各行政区にあり、看護師、心理士、作業療法士、ソーシャルワーカーなどによるチームが構成されます。精神科の医師はコスト高になり、確保も難しいので配置されません。

　チームは、認知症を発症した人をできるだけ初期段階に訪れ、早期支援を行います。認知症も初期段階なら、記憶力もまだ大きく損なわれておらず、意思表示も意思決定も行うことができます。

　チームがまず実行することは、本人および介護者や生活環境のアセスメント（評価）です。その結果を持ち帰り、医師も参加した会議で情報交換し、方針や対策を協議します。必要と判断されたら、CT、MRIで脳を撮影することになりますが、これは全体の40％程度です。

　結果は数時間かけて本人や家族へフィードバックされ、チームはその後半年から1年間、集中的にかかわります。ガス器具などを危険性のないものに変えて生活環境を整えること、本人の残された判断能力を尊重して余生をプランニングすること、家族の負担を減らすためにNPOや認知症カフェなどにつなぐことなどです。メモリーサービスは、認知症の当事者と家族が地域で生きることを軌道に乗せるのです。

イギリスのメモリーサービスは、認知症の初期段階に対応

各行政区にあるメモリーサービス

自宅を訪問し、ヒアリング

多職種が連携し、相談

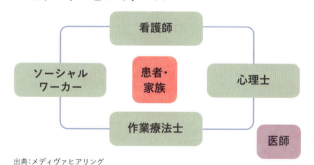

メモリーサービスのチーム

- 看護師
- ソーシャルワーカー
- 患者・家族
- 心理士
- 作業療法士
- 医師

出典:メディヴァヒアリング
　　　桜新町アーバンクリニックヒアリング

CHAPTER 09

59 日本版メモリーサービスは、「認知症初期集中支援」

　わが国でも、日本版メモリーサービスである「認知症初期集中支援チーム」が始まっています。全国の市区町村でサービスが展開されるのに先立って、モデル事業として桜新町アーバンクリニックなどで運営して成果を上げました。

　認知症初期集中支援チームの目的は、イギリスと同様、発症初期から認知症の人の生活を支え、住み慣れた場所での生活を維持することです。看護師が中心となり、作業療法士、ソーシャルワーカーなどによるチームが構成されます。

　対象者は認知症の初期段階で、多くはまだ介護保険の認定を受けていません。地域包括ケアセンターから紹介を受けて連絡が入り、チームが訪問してアセスメントを行ったあと、認知症の専門医や地域包括支援センターも入って支援方法を考え、環境整備やケアの指導を行います。6か月の支援期間中、3回の会議を経て、地域のケアマネージャーに引き継ぎます。

　初期集中支援により、家族の介護負担や不安を減らしながら、本人がより長く自分らしく過ごすことが可能となります。支援期間中に介護保険サービスの利用率も、7％から70％へと上昇しました。上手に介護保険や公的サービスを使いながら、時間を稼ぎつつ、その間に余生の過ごし方を考えたり、財産の整理をしたりなど、悔いの少ない人生を送るのを支援します。

日本でも「初期集中支援」というサービスが始まっている

「認知症初期集中支援」の仕組みと役割

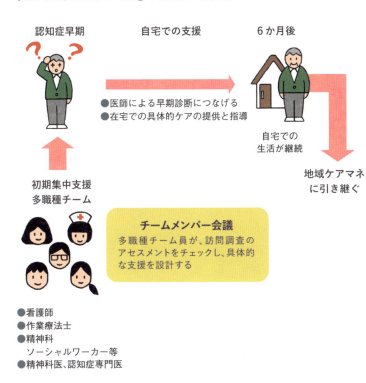
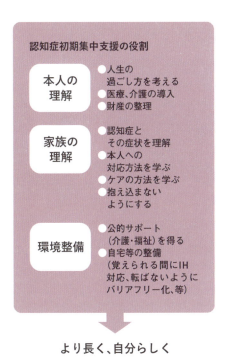

CHAPTER 09 60 ちょっとした工夫で、今の生活は続けられる

　認知症初期集中支援の事例です。Aさん(80代後半)はレビー小体型認知症で、一人暮らしをしていました。周囲には「一人暮らしなどとんでもない」と猛反対されたそうです。

　Aさんには、今の暮らしを続けたいという意志がありました。行政の窓口(地域包括支援センター)が紹介しました。

　Aさんはよく眠れないことが悩みの一つでしたが、専門医が薬を調整し、異常は治まりました。もう一つの課題は住環境でした。レビー小体型認知症は、動きが不安定で転びやすくなります。風呂などの転びやすいところに手すりをつける、電源コードなどのつまずく原因を片づける、滑らないように室内でも靴を履く、転んだときのために帽子をかぶるなどの対策を取り、自宅で暮らし続けることができています。

　Bさん(女性)はアルツハイマー型認知症です。料理が上手で生きがいでしたが、調理中に自分がしていることを忘れるようになりました。Bさんは、「もう自分はダメなんだ」とすっかり落ち込んでいました。訪問して手順を見ていると、調味料を取るために横を向くと、やっていることを忘れてしまうようです。

　では、調味料の棚を目の前に移動したらどうか？　やってみたところ、途中で忘れなくなりました。今でもBさんは好きな料理を楽しみながら、自宅で生活しているそうです。

初期に環境整備をすることで、今までどおり暮らし続けられる

「認知症初期集中支援」の例

レビー小体型認知症の場合

家の中で靴を履く
スリッパはダメ

アルツハイマー型認知症の場合

電源コードを
片づける

棚の場所を
整備する

早めの
IH対応

出典:桜新町アーバンクリニック

CHAPTER 09

61 パラダイム転換を迎えた認知症ケア

少し前までは、「死に至る病」の大半は感染症でした。1944年にストレプトマイシンが開発されるまで、結核は不治の病でしたし、毎年肺炎やインフルエンザで多くの人が亡くなっていました。

薬の発達により感染症が治るようになった現代、怖いのは生活習慣病です。その中でも、がん、糖尿病、認知症などは、いまだに抜本的に有効な薬物治療法が確立されていません。

このため、最近のトレンドは「薬による治療」だけではなく、未病時の「一次予防」と、治療開始後の「二次予防」（悪化防止）と、症状を緩和しQOLを上げる「ケア」や「環境改善」を複合的に行うことになっています。

糖尿病の場合は、まずかからないようにすること（一次予防）、透析などに悪化しないようにすること（二次予防）、低血糖、頻尿、足のケガなどに適切に対応すること（ケアや環境改善）を、投薬とともに複合的に行います。

認知症に関しては、前述のLANCETの論文は薬に一定の有効性を認めつつも、「ケア」の重要さを強調しています。

ケアは個別性が重要で、個々人の自立度や社会的ニーズ、嗜好、優先事項などに合わせた配慮が必要とされています。個別性の高いケアをするには、まず本人や家族の状態の正しいアセスメント（評価）がポイントとなります。また、認知症の初期集中支援に見られるように環境整備も重要な役割を果たします。

認知症や生活習慣病の治療は難しく、予防やケアが重要

「病」への対応方法のパラダイムシフト

	予兆発見 一次予防	治療	二次予防	ケア
糖尿病の場合	メタボ対策 ●健康診断 ●健康教育 ●特定保健指導	●血糖値を下げる薬（インシュリン注射等） ●再生医療（研究中）	●重症化予防指導 ●合併症の予防（腎臓、眼、足……）	●糖尿病患者向け食事 ●「足のケア」専門病院
	 健康アプリ		 フリースタイルリブレ（アボット）	 えそ
認知症の場合	ブレインヘルス ●健康診断 ●食事・運動 ●認知トレーニング ●血管リスクの管理	●症状を抑える薬はあるが、根治薬はない	●食事　●運動 ●社会参加 ●他の病気の予防 ●環境整備	●BPSDが発生しないケア ●社会参加 ●環境整備 ●家族へのケア

CHAPTER 10

介護になっても「自立」は可能

要約

要介護になったら、もう良くはならない!?

　一般的には、要介護状態になったら元には戻らないというのが常識です。しかし実際は、要介護の人が自立に向かうことは結構あります。

　まだしっかりと学問的に研究はされていないので、スタンダードとなる方法論は確立していませんが、どうも水分摂取、栄養、運動が大事であることは共通しているようです。

　東京都のある特別養護老人ホームでは、「水分摂取」に特に力を入れています。脱水が危険なのは常識になりつつありますが、脱水までいかなくても水分が足りないと意識がぼーっとして、認知能力が落ちます。

　これがいろんな問題を誘発するのです。失禁も増えますし、便秘になって気持ちが悪いと暴れやすくもなります。唾液が減ると誤嚥性肺炎を起こしやすくなって、命にかかわることもあります。そこで、このホームでは多めの水分を摂って、食事、運動、排泄などの生活リズムを整えることにより、本人の自立力を高めています。

寝たきりの人が立って、歩けた例も

　宝塚市を起点に全国に展開している自立支援型のデイサービス「ポラリス」では、水分、食事、運動、排泄を重視するとともに、運動用の訓練機も使います。その結果、寝たきりの女性が1年間で自分の足で歩けるようになるなど、デイサービスを卒業した例も見られています。

　一方、東京西南部で展開する機能訓練型のデイサービス「ぽじえじ」では、本人の自立を阻む運動機能の低下原因をアセスメントして、課題に合わせた運動を行うことにより、ほとんど歩けなかった人が歩けたり、失禁していた人のオムツが外れたりと、本人と家族が驚くような効

果が出ています。
　このように、自立を高めるために共通して重視されているポイントが水分摂取、栄養、運動ですが、これらは体を自然なリズムに保つことに役立っています。身体にさまざまな支障が出て、狂ってしまった自然なリズムをリセットすることは、高齢者でなくても有効でしょう。

何が課題なのかを、要素分解して特定する

　その一方で、高齢者の状態はそれぞれ異なるので、何が課題でそれをどう解決するかを、正確に評価する必要があります。
　たとえば、「自分でトイレに行けない」のであれば、どの部分が課題なのか、要素分解し、特定できると、さまざまな解決方法を導入できます。医療と介護が連携して本人の課題に当たることが効果的ですが、そのためには、課題を要素分解して特定し、伝える共通言語が必要になります。
　もっとも重要なのは、本人が自立したいという意欲や目標を持つことです。人生でやりたいことがある、自分は生きていて意味があると認識するところから意欲、目標が生まれます。海外のデイサービスでは、認知症であっても農作業を行うなど働く機会を提供し、一人ひとりの役割を設定することにより、生きる意欲、目標を醸成している例もあります。

CHAPTER 10

62 介護は、「お世話」から「自立支援」へ

　政府をはじめ、各界で介護の概念を変えるべきではないか、という議論が始まっています。未来投資会議では、日本の介護の概念を「お世話」型から「自立支援」型へ転換することが提唱されました。高齢者ができないことを「やってあげる」のではなく、残存能力を活かし、改善し、できる限り「自立に近づける」ことを目指しています。

　一般的には、要介護状態は元には戻らないと信じられています。しかし実際には、脳梗塞の人がリハビリを経て、動けるようになるのと同様、いろいろな状態の要介護の人が自立に向かう例は数多く報告されています。

　東京都の特別養護老人ホーム「杜の風・上原」では、認知症患者を中心とした利用者のうち、48％に介護度の改善が見られました。

　「杜の風」は水分の摂取を大事にしています。水分不足は高齢者の健康の大きな阻害要因になります。脱水は非常に危険で、水分が体重の3～9％減ると、倦怠感、頭痛、めまい、血圧の低下などが起こり、健康な若い人でも意識がぼーっとします。

　意識レベルが落ちると、認知力がさらに低下し、失禁や便秘につながり、不快感からBPSDが現れやすくなります。意欲や身体の活動性の低下にもつながります。このため、本人の体調に合わせて十分な水分を摂り、食事、運動、排泄などの生活リズムを整えることによる身体・認知機能の回復を図っています。

高齢者の自立を促進するさまざまな介護を研究・実践

自立支援介護の事例

特別養護老人ホーム 杜の風の例

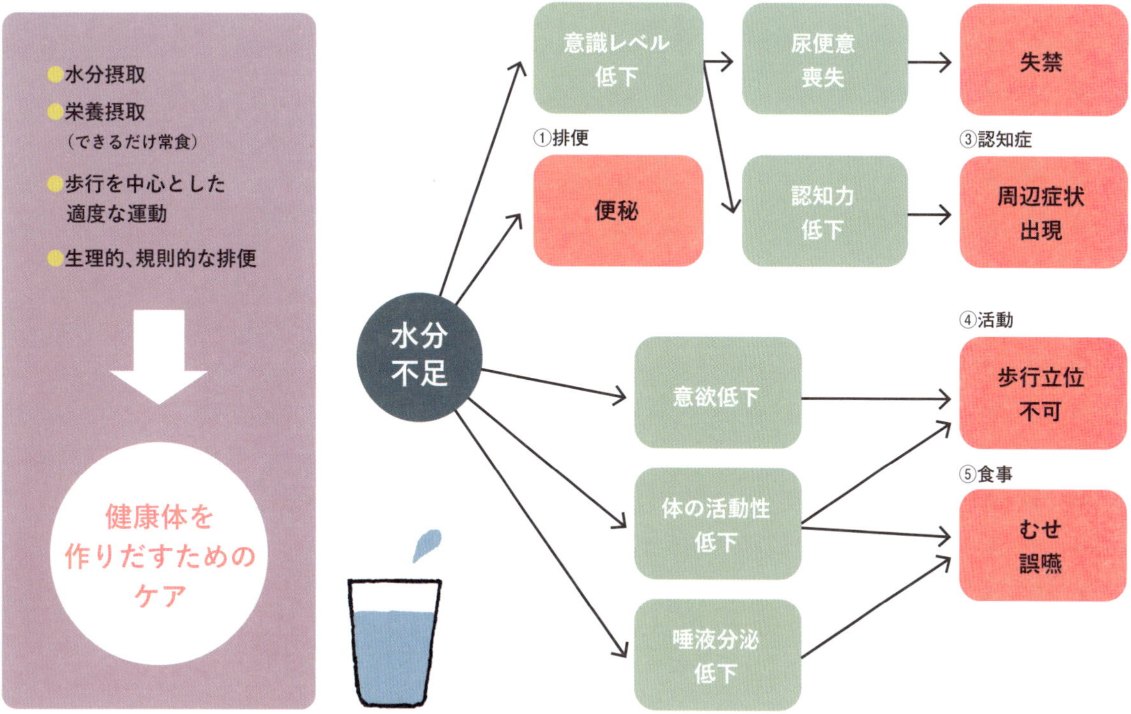

- 水分摂取
- 栄養摂取
  （できるだけ常食）
- 歩行を中心とした適度な運動
- 生理的、規則的な排便

⬇

健康体を作りだすためのケア

水分不足 から：

①排便
- 意識レベル低下 → 尿便意喪失 → **失禁**（②排泄）
- 意識レベル低下 → 認知力低下 → **周辺症状出現**（③認知症）
- **便秘**
- 認知力低下

④活動
- 意欲低下 → **歩行立位不可**
- 体の活動性低下 → 歩行立位不可

⑤食事
- 体の活動性低下 → **むせ誤嚥**
- 唾液分泌低下 → むせ誤嚥

出典：NPO在宅ケアを支える診療所・市民ネットワーク　鹿児島大会；特別養護老人ホーム　杜の風・上原の斉藤施設長講演より

CHAPTER 10

63 寝たきりの人が立って、歩けた

　宝塚市にある「ポラリス」は、自立支援型のデイサービスを運営しています。母体はオーロラ会という医療法人です。

　入浴、トイレ、買い物など自宅での日常生活を他人に頼らず、自分の力で行うには、まずは「歩ける」ことが大事です。ポラリスは、歩けるようになるために、①必要な水分、②必要な食事、③トイレでの排泄、④日中の運動、を4つの基本ケアとして重視しています。加えて、下剤や睡眠薬などの薬をできるだけ使わないようにしています。

　ポラリスの公式サイトには、多くの感動的な映像が紹介されています。「寝たきりから1年でデイサービスの卒業に至った例」では92歳、要介護4の女性が紹介されています。この方は、腰椎圧迫骨折に加え熱中症になり、寝たきりの生活になりました。

　家族に促されて通いはじめたころは、立ち上がって歩くこともできませんでした。口癖は「死にたい」でしたが、3か月後には歩行器で歩けるようになり、「自宅のお風呂に入りたい」という目標ができました。

　さらに「Pウォーク」という訓練器で、忘れてしまった歩き方を思い出す練習をしました。良くなってくると、「料理がしたい」という目標ができ、9か月後には、自分の足で歩けるようになったそうです。

食事と訓練機器による運動で、寝たきりの人が歩けた例(ポラリス)

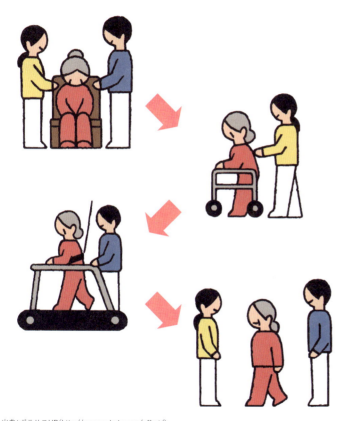
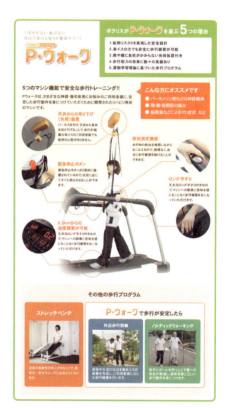

出典:ポラリスHP(http://www.polaris.care/effort/)

CHAPTER 10

64 自立を阻む要因をアセスメントし、対策する

　東京西南部の、「ぽじえじ」（「ポジティブ・エイジング」を意味する造語）という機能訓練を行うデイサービスでも、ほとんど歩けなかった高齢者が数か月のうちにスタスタ歩けるようになった、失禁していた人のオムツが外れた、という事例が多く見られています。

　自立を阻む原因を探るためには、まずアセスメント（評価）を行います。前向き、横向きの写真を撮って身体の傾きを見たり、ポールの間を歩いてもらって速度を測ります。

　高齢者の多くは筋力が衰え、バランスが悪くなっています。運動用のマシンや集団体操を使って筋力アップを図り、平行棒を持ちながら歩いてバランスを養います。成果を評価しながら、次の計画を立て、実行に移し、再度評価するというサイクルを繰り返します。

　筋力がつくとまっすぐ立てるようになり、背が伸びたように見えます。歩くスピードも速くなります。トイレまで一人で行けなくて失禁していた人は、歩けるようになってオムツが外れます。

　オムツをしなくなると、人生が変わります。できることが増え、デイサービスで友だちもできると、人生に目標を持つことができます。生きていたい、こんなこともあんなこともしたい、と思うことが自立支援への最強のステップなのです。自立支援や機能回復を支援する施設やサービスは全国で数多く運営されています。

課題のアセスメントと運動により、自立が回復した例（ぽじえじ）

ぽじえじ ＝ Positive Aging

BEFORE

身長：159cm
体重：75.5kg
5m歩行：16.1秒
（歩数）：17歩

3か月後

AFTER

身長：166cm
体重：74kg
5m歩行：5秒
（歩数）：8歩

出典：株式会社シーズワン資料

CHAPTER 10　介護になっても「自立」は可能

CHAPTER 10

65 自立のコツは、身体のリズムを保ち、役割を持つこと

　自立支援介護を実践する事業者の多くが、水分と食事と運動を提唱しています。これらは魔法の処方箋というより、身体の自然なリズムを保つことの一環ではないかと思います。高齢になると、体内時計や身体の感覚が狂って身体のリズムを保ちにくくなりますが、それを正常に戻すことを目指すのです。

　必要な水分を摂り、食事を自分の口で食べる。できる限り歩き、筋力の衰えを防ぐ。きちんと食べて水分を摂っていれば、便秘も解消しやすくなります。

　自然な睡眠を取ることも大事です。高齢者は一般的に寝つきにくくなるのですが、薬の過剰投与で生活リズムが崩れていることもままあります。暗くなったら寝て、朝は明るい日の光を存分に浴びる。できる限り薬に頼らないで、排泄や睡眠など、身体の自然なリズムを保つことは、高齢者でなくても気持ちよく、健康的に過ごすためのコツなのです。

　同時に、自立には目標が重要です。人生に意味を見出せなければ、自立の意味はなくなります。楽しい目標もいいですが、高齢になっても役割を持つことに大きな意味があります。

　オランダのデイサービスでは、農園を併設しているところが多くあり、ランチにはそこで収穫した野菜が出ます。ニンジンに水をやる係の高齢者は、「私が元気でないと、みんながサラダを食べられないから」と、毎日目標を持って通ってくるそうです。

高齢者、認知症には、自然な生活のリズムが重要

処方箋
- 必要な水分を摂る
- 食事を自分の口で食べる
- できる限り歩く
- 夜は寝る
- 明るくなったら起きる
- 目標、役割を持つ

出典：桜新町アーバンクリニック　遠矢純一郎院長インタビュー

CHAPTER 10

66 課題を分解できると、対応可能に

　高齢者の課題は、それぞれの方の状況によって異なります。課題を把握せず、やみくもに運動しても効果は出ません。たとえば、座っている人が歩き出すときには、「蹴りだす力」「立つ力」「バランス」など、さまざまな動きが絡み合っています。これらの課題によって、鍛える部位、方法は違ってくるのです。

　もっと複雑な動きの場合はどうでしょうか。歩行、食事、排泄等の動作を、「まったくできない」から、「完全にできる」まで5段階に分けた「ICFステージング」という評価方法があります。排泄の場合だと、レベル1は「尿意・便意を感じず自発的に排泄できない」、レベル5だと「トイレの後始末までできる」になります。

　レベル5に達するには、何ができていないといけないか、動作を細かく分解します。たとえば、「尿意・便意を感じる」→「トイレの場所を認識する」→「トイレに移動する」→……→「手を洗う」→「部屋に戻る」。また、それができない原因を精神（認知）、感覚、運動、心肺などに分類して対策を立てます。

　漠然と「自立して排泄できるようにする」というのと、「認知症で忘れたトイレの場所を、わかるようにする」のとでは、後者の方が取り組みやすいでしょう。たとえば、認知症でも、文字はわかる人がいます。その場合は、トイレに大きく「便所」と張り紙をすると失敗が防げます。

自立までの段階を原因別に分解し、課題と対策を整理する

出典：メディヴァ「自立支援へのフレームワーク」

CHAPTER 11

高齢者住宅には課題が多い

要約

増え続ける高齢者の独居世帯

　ここまで、「自宅で自分らしく暮らす」という話をしてきましたが、自宅とは必ずしも若いころから住んでいた「家」を意味しません。

　年を取って、特に独り暮らしだと、今の住まいに不安になる人は多いでしょう。このため高齢者住宅は、制度上は広義の自宅として扱われています。

　伝統的な多世代同居型の世帯は、今や全世帯の1割を切りました。2025年には、高齢女性の4人に1人、高齢男性の6人に1人が独居になると推測されています。心身の老いを感じたとき、家族が一緒にいなくても、安心して安全に住むことができる「終の棲み家」が求められます。

高齢者の住む場所が足りない！

　ところが、日本では高齢者が過ごす住まいが不足しています。10年前、欧米と比較すると日本における高齢者住宅の整備状況は半分以下でした。国はその数を増やそうとしていますが、まだ欧米には及びません。

　高齢者向けの住宅には、特別養護老人ホーム(特養)、有料老人ホーム(有料)、サービス付き高齢者住宅(サ高住)など、いろいろな種類があります。背景となっている制度の違いにより、運営者、入居できる資格、費用が異なります。

　特養は介護保険が広範囲に適用されるので安いのですが、部屋は狭く、介護度が重い人しか入れません。これに対し、有料やサ高住は自立、介護度を問わず入れるというところがほとんどです。

　有料には、ホテルのように豪華でサービスが充実しているところもありますが、自費負担が

大きく費用がかかります。

高齢者住宅の医療が危ぶまれる

　健康管理や医療体制も、高齢者住宅の種類によって異なります。特養は、配置医という制度があり、いわゆる在宅医療の対象外です。

　配置医は、週に1〜2回特養を訪れて、健康状態をチェックし、薬を処方します。在宅医療のように24時間対応は求められていません。政府は、特養に看取りまで行う「終の棲み家」を求めていますが、医師の支援なしに看取りを行うのは難しく、病院に搬送されたまま亡くなることが多いのです。

　有料やサ高住は在宅医療の対象です。ホームに看護師が常駐している場合もありますが、医療や看護を行ってよいかが法律的にあいまいで、結果として運営会社の方針で禁止しているケースが多く見られます。

　このため、ホームの看護師の役割は健康管理にとどまり、点滴の針を入れたり抜いたりするような軽微な医療行為でも、医師の往診を依頼することになります。

　近年、医療費抑制の観点から、有料やサ高住への訪問診療料が4分の1まで下げられました。今後、さらに下げられる可能性があり、特養と同様に対象外になる患者が増えると予測されています。そうなると、来てくれる医師がいなくなるのではないか、と多くの運営者が不安を訴えています。

CHAPTER 11

67 家族介護は期待しにくい

　過去、日本の高齢者を支える仕組みは「多世代同居」でした。しかし、今やこの仕組みは成り立たなくなっています。

　2015年度の調査によると、日本の世帯数は約5,300万で、そのうち約4割、2,200万世帯は高齢者がいます。高齢者がいる世帯のうち、4分の1強は「独居」で、約3割は「夫婦のみ」で老々世帯であることが推測されます。

　伝統的な「高齢になった両親もしくは親が、子ども夫婦と孫と共に暮らす」世帯は約8％しかありません。一方、「子どもと暮らしているが孫はいない」世帯は意外と多く、25％あります。これら以外には、「親族と同居している」「他人と同居している」世帯が合わせて7％ほどあります。

　これで見ると、若い家族や同居者をあてにできそうな世帯は、少なく見積もると8％、多く見積もっても40％です。ただ、「子ども夫婦と暮らしているが孫はいない」世帯の中には子どもも高齢な世帯が含まれていると思われます。そう考えると、高齢でない同居人がいる家庭は15〜30％程度ではないでしょうか。

　しかも、今後「独居」セグメントが増えます。2015年にすでに、高齢女性の21％、高齢男性の13％が一人暮らしでした。近い将来、高齢女性は実に4人に1人、高齢男性は6人に1人が「おひとりさま」になるのです。「独居」もしくは「老々」の高齢者の過ごす場所は大きな課題です。

伝統的な家族形態はほぼなくなり、老々、独居世帯が増加

高齢者のいる世帯の類型

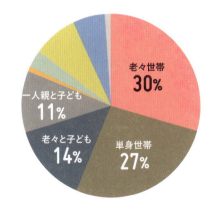

出典：総務省「国勢調査平成27年」 家族類型別一般世帯数（65歳以上の世帯員がいる世帯数）

一人暮らし高齢者数の推移予測（男女別）

高齢女性の約25%が独居となる

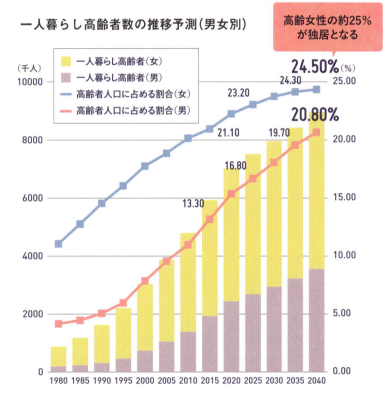

出典：平成27年までは総務省「国勢調査」による人数、平成32年以降は国立社会保障・人口問題研究所「日本の世帯数の将来推計（全国推計）2018（平成30）年推計」による世帯数

CHAPTER 11 68 高齢者の住む場所が足りない

　日本では、高齢者の住まいが不足していることが長らく問題とされてきました。2008年の段階で、高齢者人口に対する整備状況は、欧米の半分でした。国は2030年までに、有料老人ホームやサ高住を合計60万戸増やす方針です。

　高齢者向けの住宅は、制度上いくつかの種類に分かれます。特別養護老人ホームは、原則的には要介護3以上が対象です。営利法人による開設運営は認められておらず、社会福祉法人が主体です。

　有料老人ホームの入居条件は自立から要介護まで、運営者によってさまざまです。特定施設入居者生活介護という介護保険上の制度があり、介護サービスごとにケアプランをつくらなくても、自由に介護保険上のサービスを組み合わせることができます。ほとんどのホームは、介護保険以外の生活費・サービス費がかかり、月額が何十万円と高額になることもあります。特定施設をつくると、介護保険費が増えるので、総量規制という枠が設けられています。

　サ高住は、介護保険制度ではなく、高齢者用住宅整備の一環で進められています。安否確認、生活相談などの基本的なサービスはありますが、それ以外の介護サービスは、各事業者と契約します。ただ、実際は運営主体が介護サービスを提供することも多く、サービス内容や事業者は選びにくいことが問題になっています。

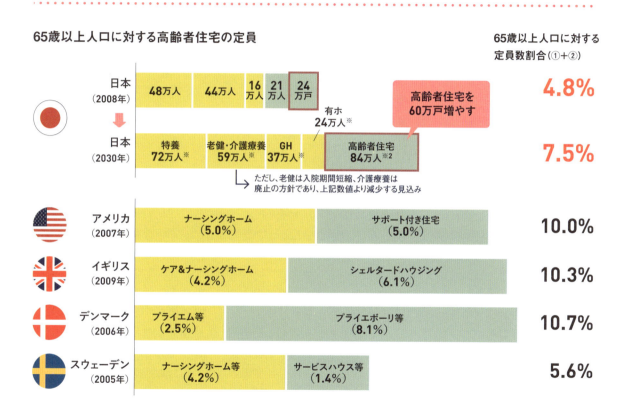

CHAPTER 11

69 特養に入れたら幸せか?

　特別養護老人ホーム(特養)の医療・介護・生活費は、介護保険から賄われます。整備に当たって国の補助金が提供され、運営者である社会福祉法人は法人税・固定資産税・寄付等の優遇措置を受けています。

　国民年金の受給者でも入れるよう負担が少ないので、一般的には人気が高く、入居まで数年待つことはざらです。国はさらなる整備を進めていますが、土地取得や介護の担い手が足りず、想定どおりには進んでいません。

　一方、特養は良いことばかりではありません。まず一般的には、一人当たり10.65㎡と居室が狭い。介護保険制度ができる前の時代から運営されているところも多く、福祉施設的な色合いが強いところもあります。また、配置医という特別な医療上の制度があり、いわゆる在宅医療は受けられません。配置医の多くは非常勤の医師で、週に一度ほど訪れて、入居者の健康をチェックし、薬を処方し、看護師・介護士等の相談に乗ります。電話対応や臨時往診は、義務ではなく、医師のやる気にかかっています。

　いま政府は、公的資金が入っている特養をより重度の人に特化しようとしています。また、終末期を担えるよう重症な方の療養や看取りを進めています。しかし、24時間365日対応してくれる医療機関のサポートがないと難しく、スタッフも大変苦労しています。

特養はコスト・メリットはあるが、医療サービスは見劣りも

高齢者住宅の違い

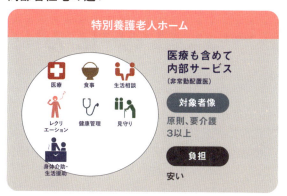

CHAPTER 11

70 「ホテル」のような有料老人ホームは幸せか？

　高齢になった親を有料老人ホームに入れようとしたら、本人が嫌がって入ってくれないという話をよく聞きます。子どもは心配していますが、親は今までの暮らしを捨てたくありません。

　立派なホームなら幸せだろうと、家族は良かれと思って入居を勧めます。高級なホームの多くは、ホテルのような豪華で充実した建物とともに、完璧なケア（「お世話」）が整備されます。しかし、あまりに徹底的なケアが残存機能を損なう危険性があることは留意しなくてはなりません。

　一番高級なホームには夜間、土日祝日も含め、常時看護師がいます。徹底した看護体制があれば何があっても大丈夫！と思いがちですが、必ずしもそうとは言えないのです。

　たとえば、状態が悪化したときに使われる中心静脈栄養（高カロリーの栄養輸液）や緩和ケアのために使われる医療用麻薬の点滴は、ホームの看護師は行いません。必要になったときには、退去・入院するか、訪問診療先の医師にわざわざ来てもらうしかないのです。

　ホームは医療機関ではなく住宅なので、その看護師が医療行為を行うことが適法かどうかが明確になっていないのが一因です。このため、施設が禁止していることが多いのです。

　せっかく看護師がいて、しかも入居者・家族はお金を払っているのですから、もったいないことです。

ホームの看護師は、医療・看護ではなく、健康管理を担う

有料老人ホームの看護師による医療行為

IVH（中心静脈栄養）点滴

- 実施している
- 実施困難

58.3%（14） 実施困難
41.7%（10） 実施している

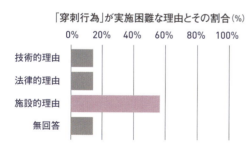

「穿刺行為」が実施困難な理由とその割合（%）

- 技術的理由
- 法律的理由
- 施設的理由
- 無回答

医療用麻薬

- 実施している
- 実施困難

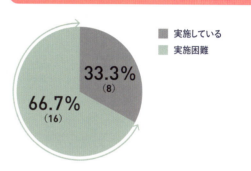

33.3%（8） 実施している
66.7%（16） 実施困難

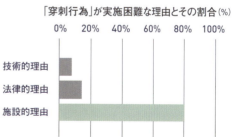

「穿刺行為」が実施困難な理由とその割合（%）

- 技術的理由
- 法律的理由
- 施設的理由

＊「一部の看護師が実施している」、「全員実施していない」は合わせて「実施困難」としている。
出典：医療法人社団プラタナス 松原アーバンクリニック施設在宅医療部実施「特定施設における医療行為の実態調査」（2017年実施）

CHAPTER 11

71

高齢者住宅の「医療」が危うい

　ホームの看護師が医療行為をできなくても、訪問診療先の医師に来てもらえばいいのでは、と思われるかもしれません。しかし、実は高齢者施設全体の医療が危うい状態になりつつあります。

　国の医療費削減政策のあおりを食らって、老人ホームやサ高住への訪問診療に対する報酬はどんどん下げられて、今では一般の住宅と比べると3分の1です。患者が1か所に集まっていて診療効率が良いのは確かですが、一人ひとりの患者の状態管理など、効率化が見込めない行為に対する報酬も大きく差がつけられました。家族が同居していないので、遠隔にいる複数の家族との情報共有など、むしろホームの方が負担が大きいと感じる医師も多くいます。

　前述のとおり、在宅医療全体のキャパシティは足りません。在宅医療を展開する医療機関にとっては、自宅を中心として十分な市場がありますし、施設への報酬が下げられたことにより、政府により「望ましくない医療」と認定されたと感じて、避けようとする医師もいます。これらの理由により、施設への在宅医療を控える医師が多くなっていて、将来的に十分な医療体制が確保できるかが危ぶまれているのです。

　ちなみに、特養の配置医の報酬は、さらにその6分の1〜3分の1です。厚労省の調査によると、95％の配置医が非常勤で、ほとんどは夜間・休日等の緊急往診はしません。

高齢者住宅の医療への報酬は大きく下げられ、撤退が危ぶまれる

住まいの類型別に見た医療機関の報酬

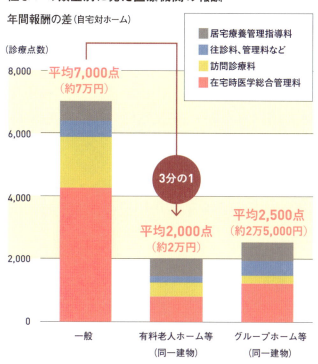

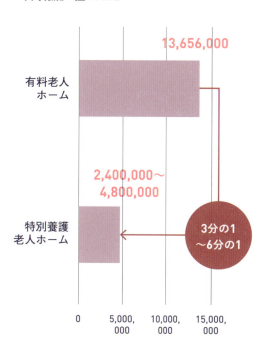

出典:メディヴァ分析
※本点数パターンは概算値を表しており、居宅療養管理指導料は単位数を表示

※50人の施設を前提とした試算

CHAPTER 11 高齢者住宅には課題が多い 197

CHAPTER 12

高齢者住宅は
どうあるべきか

要約

介護業界は、離職率が高い

　多くの高齢者住宅では、介護士の不足が大きな問題になっています。介護は「３Ｋ職種」といわれて課題も多く、政策・制度上解決していません。

　そのなかでも、介護を志す人もいます。ところが、せっかくその人たちが働きはじめても、嫌になって辞めてしまうことも多いことがわかりました。辞めていく理由は、職場の人間関係、理念がない、組織運営に不満、などの組織問題が大きく、個々の運営者の組織能力を高めていくことが急務になっています。

　報酬の問題も解決が必要ですが、同じくらい大事なのは、これから介護を志す人がしっくりくるキャリアプランをつくることです。多くの介護士にとってのキャリアアップは、施設長などの管理職になることではなく、「介護のプロ」としての腕を磨き、高齢者に喜んでもらうことなのです。

　明確な能力アップや成果が見えやすい医療界とは異なり、介護界は「介護のプロ」の定義がまだ曖昧です。それでも、吸痰、排泄、食事など介護士の重要な役務に沿って「プロ」を定義し、介護士にステップアップを促し、離職率０％の成果を上げた施設もあります。

海外の高齢者住宅には「自由」がある

　そもそも、高齢者住宅はどうあるべきなのでしょうか。日本には、「ここを終の棲み家にしたい」と思えるようなところは少ないような気がします。

　では、海外と何が違うのでしょうか？　一番の違いは、海外の高齢者住宅には「自由」があることです。文化の違いもあるのでしょうが、多少の危険性があっても個々人の自由に任せてい

ますし、そのための工夫も見られます。

　オランダでは、広大な敷地に塀に囲まれた高齢者ビレッジがあり、その中を重度認知症の患者も自由に歩き回れるようになっています。買い物ができる場所もあり、好きなものを買うこともできます。

　日本のように画一的に全員が同じような場所に住み、同じように行動するのではなく、自分のライフスタイルに合った人たちとシェアハウス的に住んでいるのです。

最期まで、自宅で過ごすことはできる！

　高齢者が自分らしく暮らせる「自由」はとても大事です。日本にももっと「自由」がある高齢者住宅が増えるといいのですが、同時に気になるのは、住み慣れた家に住み続けるのは本当に無理なのだろうか、という点です。

　自分の家は、一番「自由」に過ごせるところです。実は、環境や支援サービスを整備すれば、いくつになっても、独居であっても自宅に住み続けることは可能です。幸せな実例も多く存在しますので、その「自由」を早々にあきらめる必要はありません。

CHAPTER 12

72 介護人材難を救うには、「組織能力」を上げる

　医療が危ういという話をしましたが、介護は大丈夫でしょうか？　前述のとおり、介護人材が足りません。ほぼすべての事業者の共通の課題は人材難です。

　給料が低いイメージがあり、3K職種ともいわれます。しかし、厚生労働省の調査によると、介護職の給与水準は、サービス業のなかではそう低くないことがわかりました。

　同時に、介護職を志す人も一定数いることがわかりました。問題は、その人たちが辞めてしまうことです。大きな原因は「組織課題」です。職場の人間関係、理念がない、組織運営に不満——こういう状況に絶望して、せっかく入った介護人材が辞めていきます。介護事業にかかわる経営者の組織運営能力を上げていくことが急務です。

　キャリアプランが見えないという課題もあります。給与だけではなく、将来の目指すべき姿が見えにくいのです。介護職を目指す人は、もともと「介護という仕事が好き」なのです。組織の階段を上がって「管理職」になることを望まない人も多くいます。高齢者に喜んでもらえる介護力をつけ、「プロ」になりたいと思い、それを評価してほしいのです。

　医師、看護師の場合は、能力のステップアップを支援し、成果を「見える化」する制度があります。介護職の場合は、業界の仕組みがほぼなく、人材をサポートし、成果を評価に反映する組織が少ないことは大きな課題です。

介護離職の大きな原因は、組織能力の欠如

職種別の月額換算賃金（女性計）　単位：千円

- 百貨店員
- 福祉施設介護員
- 保育士
- 理美容師
- 栄養士
- 介護支援専門員
- 看護師

就職した理由（%）

- 働きがいのある仕事だと思ったから
- 資格・技能が活かせるから
- 今後もニーズが高まる仕事だから
- 人や社会の役に立ちたいから
- お年寄りが好きだから
- 介護の知識や技能が身につくから
- 自分や家族の都合のよい時間（日）に働けるから
- 身近な人の介護の経験から
- 生きがい・社会参加のため
- 他に仕事がないため

前職（介護）を辞めた理由（%）

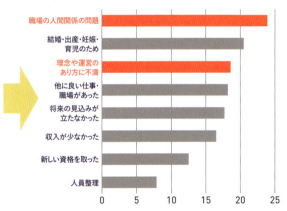

- 職場の人間関係の問題
- 結婚・出産・妊娠・育児のため
- 理念や運営のあり方に不満
- 他に良い仕事・職場があった
- 将来の見込みが立たなかった
- 収入が少なかった
- 新しい資格を取った
- 人員整理

出典：厚生労働省「平成28年度介護労働実態調査」、平成29年賃金構造基本統計調査

CHAPTER12 高齢者住宅はどうあるべきか

CHAPTER 12

73 「介護のプロ」育成により、離職率を0％に

　鹿児島の特別養護老人ホーム「旭ヶ丘園」は、組織改革をきっかけに、「介護のプロ」による、利用者が最期まで尊厳をもって過ごせる「終の棲み家」を目指しました。

　特養には「終の棲み家」が期待されていますが、実際にそれを実現できているところはあまりありません。多くは入居者が入退院を繰り返し、最期は病院で亡くなります。

　旭ヶ丘園では、まず吸痰と排泄と食事のプロを養成しました。夜間の吸痰ができないと病院に送るしかないからです。介護職が痰を吸引するには、かなり大変な研修を受けなくてはなりませんが、鹿児島で一番多くの有資格者が勤務する施設になりました。

　適切な排泄ケアは、利用者の尊厳につながります。そこで、全入居者のオムツサイズを検討し、尿量測定、皮膚トラブル等を観察・分析し、個々に合った排泄用品を使用して、失敗をなくすプロを養成しました。食事も最期まで口から食べることができるよう、内容と介助に工夫を凝らすプロを育成しました。

　これらの結果、入居者の入院が激減して、10分の1に！　施設看取りは100％になりました。

　何よりの成果は、離職率が0％になったことです。「介護のプロ」を徹底的に追求したことで、スタッフの仕事への意欲、組織への帰属意識が高まったといえます。

「介護のプロ」育成の成果と、介護者の離職が減った例

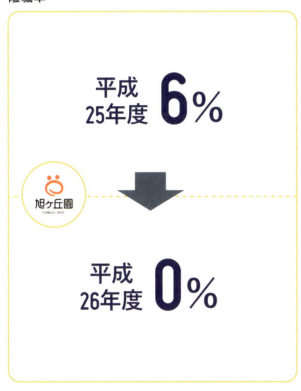

離職率

平成25年度 6%

↓

平成26年度 0%

出典：メディヴァ「旭ヶ丘園インタヴュー」

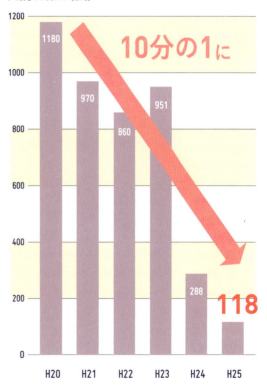

入院日数の推移

10分の1に

118

CHAPTER 12

74 海外の高齢者ホームには「自由」がある

　日本の介護施設と違って、海外では多少の危険性があっても個々人の自由にまかせているところが多く見られます。

　イギリスはケントのKCC Broadmeadow Care Centreは、ショートステイ8床と15人定員のデイサービスです。ここでは、認知症の患者もスコップ等で自由に庭でガーデニングができます。「危なくないのか？」と思いますが、「本人は使い慣れているから」「最低限のものしか置いてないから大丈夫」とリスクを見越した対応がなされていました。

　オランダ・アムステルダム郊外のDe Hogeweykは、5,000坪の敷地に建つ自立支援型認知症対応ビレッジです。ここでは150人強の重度認知症の方が暮らしています。敷地全体が塀で囲まれていると聞くと、日本ではギョッとされますが、入居者はこの広大な中庭をいつでも自由に散策ができるのです。

　敷地内には、スーパー、レストラン、カフェ、バーがあり、お金を持ってこなくても買い物、食事ができます。認知症なので、同じものを何度も買ってしまう人もいますが、その場合は止めるのではなく、スタッフが後でこっそり戻すのだそうです。

　日中、好きなだけ散歩をすると良い運動になり、日光を浴びるので生活リズムが保たれ、薬がなくてもぐっすり眠れます。結果として、認知症特有の問題行動は出現しにくくなるそうです。

オランダの認知症対応ビレッジは、あたかも小さな町のよう

オランダ De Hogeweykの認知症ビレッジ(全体図)

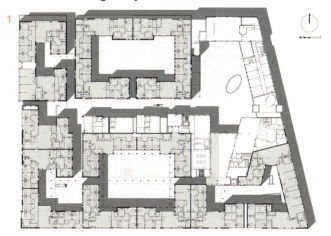

アムステルダム近郊、約5千坪(建坪は、約半分)

スーパーで自由に買い物

自由に散策

出典：P212に記載

カフェやバーで飲食

CHAPTER12 高齢者住宅はどうあるべきか

CHAPTER 12

75 個々人のライフスタイルに合わせて暮らす

De Hogeweyk には23戸の低層棟住居があり、入居者は6〜7名ずつに分かれて暮らしています。各戸は7つのライフスタイル（都会モダン型、上流階級型、植民地型、文化教養型、伝統的、屋外活動型、キリスト教的）に合わせて、それぞれ特徴的な内装となっていて、同じ価値観を共有する人が住んでいます。

たとえば、「植民地型」は、旧蘭領インドシナ（インドネシア）に住んでいた人向けです。インドネシア風の内装や家具が置いてあり、インドネシア風の料理が出されます。「屋外活動型」はガーデニングなどが好きな労働者階級向けです。「文化教養型」は学歴の高いインテリ向けです。

各人にはそれぞれ広めの部屋がありますが、キッチン、食堂やシャワーは共同です。ごはんの時には集まって、スタッフとともに食事の準備を行い、それぞれの役割を担います。食事はみんなで一緒に食べ、その後談話スペースなどで、思い思いに過ごします。

De Hogeweyk は、敷地内に多様な人が住んでいるという意味でも、「生活の場」に近くなるよう配慮しています。

一方、日本の場合は塀がなくても、高齢者ホームは地域から隔絶されがちで、ホームの中に小さな世界が形成されます。ホーム内は、全員が同質なのが前提の集団生活です。今の高齢者は、学童疎開なども経験し、集団生活に慣れているから大丈夫と言われますが、本当にそうでしょうか？

ライフスタイルが似た人どうしで、自分らしく暮らす

オランダ De Hogeweykの認知症ビレッジ(住まい)

1

自室は個室。
飾り付けも自由

各室の大きさ
・居室:16.5〜20㎡
・リビング:65〜95㎡
・シャワー室:12㎡

ライフスタイルに合わせたインテリア

出典:P212に記載

3

食事の準備など、役割を担う

4

5 6

キッチン、リビングは共同、トイレ、シャワーは2〜3人に1つ(共同にすることにより、リビング等をより広く)

CHAPTER 12

76 そもそも、「自宅」は本当に無理なのか?

　高齢者ホームに入らずに、最期まで自宅で過ごすことはできないのでしょうか？　家族に負担をかけず、最期まで自宅で過ごす――これは可能です。実は、自宅での死亡(異状死を除く)は各高齢者住宅よりもはるかに多く、また伸びているのです。「やまだホームケアクリニック」(富山県)の山田理事長の講演によると、同居家族ありの自宅看取り率は72%、独居は67%でした。同居者が妻のみの場合は60%なので、独居の方が高くなっています。ちなみに、同居者が夫のみの場合はなぜか100%です！

　独居の場合や、家族に介護負担をかけたくない場合は、公的医療・介護保険だけで賄おうとすると難しいかもしれません。保険外の訪問看護師を自費で雇う、家政婦さんなどに家事援助を頼む、見守りサービスに加入する、地域のボランティアや近隣の人に見回りを頼むなど、いろいろな資源を活用しながら自宅で暮らし続け、最期を迎える人は多くいます。

　認知症も非常に重度になると独居は難しいかもしれませんが、先だって説明した環境整備を行い、ガスをIHレンジに替えたり、石油ファンヒーターを電気にしたりと、環境を変えることにより、自宅で暮らす期間をできる限り長くすることは可能です。自宅で暮らしたいという思いを、早々にあきらめる必要はまったくありません。

独居を含めて、最期まで自宅で過ごすことは可能

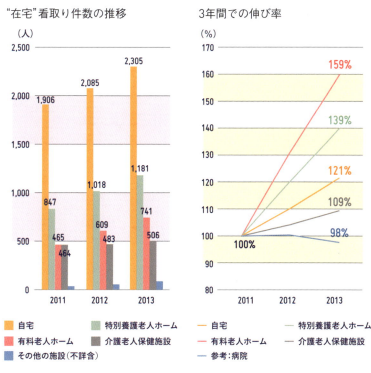

P207 photo credit
1. https://housingourmatureelders.wordpress.com/2018/10/26/tour-de-hogeweyk/　©Molenaar&Bol&VanDillen architekten
2. http://earthporm.com/dementia-village/　©Hans Erkelens, Flickr
3. http://earthporm.com/dementia-village/　©KopArt, Amstelveen
4. https://www.tagesschau.de/ausland/demenzdorf100~magnifier_pos-3.html
5. https://www.theguardian.com/society/shortcuts/2018/mar/12/life-dementia-village-development-kent-hogeweyk　©Anita Edridge
6. https://bethswanson6.wordpress.com/2014/05/08/if-carlsberg-ran-nursing-homes/　©Kirstin O'Regan

P209 photo credit
1. https://www.boredpanda.com/dementia-village-for-elderly-de-hogeweyk/?utm_source=google&utm_medium=organic&utm_campaign=organic　©msagd.rlp.de
2. http://earthporm.com/dementia-village/　©KopArt, Amstelveen
3. http://earthporm.com/dementia-village/　©Anita Edridge
4. https://www.dailymail.co.uk/news/article-2109801/Dementiaville-How-experimental-new-town-taking-elderly-happier-healthier-pasts-astonishing-results.html　©Keith Waldegrave
5. https://housingourmatureelders.wordpress.com/2018/10/26/tour-de-hogeweyk/
6. http://earthporm.com/dementia-village/　©KopArt, Amstelveen

CHAPTER 13

認知症にやさしい街をつくる

要約

これからは街も変わる

　最期まで自分らしく過ごすためには、街も変わらなくてはなりません。前章で、塀に囲まれた中を認知症の人が自由に過ごす、オランダの高齢者ビレッジを紹介しました。日本では塀で囲むことは現実的ではありませんが、街全体が認知症の人でも歩き回れる場所になったらどうでしょう。

　そのような街は、認知症でない高齢者にとっても、若い人にとってもやさしい街になるのではないでしょうか。

感覚器の衰えを、デザインで補う

　高齢者は、特に認知症になると、視覚や聴覚などの感覚器が衰えます。それにより、判断や行為を間違えるようになり、さらに認知症の症状が悪化します。イギリスでは、そのような感覚の衰えをデザインで補えないか、という専門的な研究がなされています。

　たとえば、目が見えにくくなるとトイレの便座の位置を見間違えてしまうので、床、便器、便座の色を変えてわかりやすくします。これにより、失敗が減ることが科学的に検証されました。同時に、失敗を減らすことで、介護する人のストレスも減ることがわかってきています。

認知症デザインの「7つの原則」

　イギリスのスターリング大学ではこのような研究を行い、認知症や高齢者にやさしい環境デザインのガイドラインを「7つの原則」としてまとめました。

たとえば、色調のコントラストを高めて見やすくすることや、衰えた記憶力を補うために行く先が見えるようにすることや、わかりやすいサインを掲げることなどにより、高齢者の住む空間を快適で安全にしています。
　この原則に則って建てられた建築物には認証を与えていて、日本では東京都世田谷区の大規模再開発の中に建てられた高齢者住宅と介護施設が「金の認証」を受賞しました。

認知症にやさしい街をつくるには
　スターリング大学の「7つの原則」は、室内だけでなく街全体にも応用できます。イギリスやオーストラリアには、スターリング方式にのっとった街ができています。基本的な考え方は室内と同じで、認知症患者や高齢者が抱える課題をデザインで補うことが目的です。
　たとえば、店の入口の照明を明るくし、サインを大きくして、背景とコントラストをつけて見やすくするなどの工夫がされています。
　日本でも徐々にスターリング方式が知られてきて、福岡市ではこれらを参考にしながら独自のガイドラインをつくりはじめています。
　スターリングが提唱するもう一つのことは、建物も大事ですが、人の教育も重要だということです。認知症への理解を、ケアをしている人だけでなく市民全体に広めることにより、本当の意味での認知症にやさしい建物や街ができ上がるのです。

CHAPTER 13

77 高齢、特に認知症により、感覚機能が低下する

スコットランドにあるスターリング大学の認知症開発センター（DSDC）は、認知症の環境デザインにおける国際的なリーダーとして、25年以上にわたって、医学、医政学、建築学、社会学等による学際的な研究を続けています。

高齢者、特に認知症患者は、感覚の衰えによりいろいろな問題が生じます。色がよく見えない、まぶしい光に耐えられない、明暗の差に対応しにくいなどの目の問題や、高い周波数の音が聞こえにくい、低い周波数の音に過敏になる、音の選別がしにくくなるなど耳の問題が起こります。

認知症の人は、部屋の床より廊下の床が暗いと穴に見えて引きこもりがちになります。ドアの巾木が光っていると高さがあるように見えて、足を上げて越えようとして転倒します。立派な大理石の床は、濡れているように見えます。大部屋でいろいろなことをしている人が混在すると、声が判別できません。

若い人であれば、トイレで便座の位置を見間違うことはないでしょう。しかし、認知症の人は、床、トイレ、便座がすべて白だと見えなくて失敗してしまうのです。対策として、便座と床に異なる色を使います。

スターリング大学では、認知症の人の持つ感覚器の課題を解決することによって、問題行動を抑える環境デザインを科学的に研究しています。研究成果は建物だけでなく、街や商品にも活かされています。

高齢、特に認知症による感覚器の衰えは、生活の支障を生む

視力低下
- 色がよく見えない
- まぶしい光に耐えられない
- 明暗の差に対応するのに時間がかかる

聴力低下
- 高い周波数の音が聞きにくい
- 低い周波数の音に過敏になる
- 音の選別が難しくなる

体内時計の乱れ……
- 夜眠れない

- 色調や色が同じだと見えない
- 色調の変化は、段差と間違えてしまう
- 暗い色の敷物は、床に穴が空いているように見える
- ぴかぴかの床は、濡れて滑りやすいとか、水たまりがあると勘違いされる
- 斑点模様は幻覚に見えるので避ける
- 大きな部屋で複数の人が別のことをしていると声が判別できない、など

出典：スターリング大学DSDC資料に基づきメディヴァ作成

CHAPTER 13
78 認知症デザインの「7つの原則」

　スターリング大学は、認知症の人に対応したデザインの「7つの原則」を定めています。

1.Sensory enhancement
（五感を高める）
　色調のコントラストを利用して、視力の低下や物体の認識能力低下を補います。

2.'Appropriate' scale
（適切な大きさ）
　部屋は区切る。廊下は短く。行く先が見えることで安心感が増します。

3.Wayfinding ／ navigation
（道標をわかりやすく）
　サインは、文字と背景でコントラストをつけることで見やすくし、文字情報にピクトグラムなどで視覚情報を加え、一目で認識できるようにします。

4.Accessible outside space
（外へのアクセス）
　バリアフリーでアクセスの良い、自由に出入りできる安全な外空間を確保します。

5.Privacy ／ sociability
（プライバシーと交流）
　共用の場とプライバシーの高い場の区別を明確にします。

6.Visibility ／ permeability
（見渡し・透過性）
　入ってほしくないところは目立たないよう、入ってほしいところは目立つようにします。部屋の機能が外から見えるようにします。

7.Room ／ space adjacencies
（室内外の空間設計）
　部屋や機能の配置を重視します。ベッドに寝ていてもトイレが見えると、記憶に頼らず、自分の足でたどり着けます。

環境デザインにより、認知症患者の生活を支援する

認知症デザインの「7つの原則」

1. 五感を高める
色調のコントラストを利用して、低下した視力や物体の認識能力低下を補う

2. 適切な大きさ
廊下は短く、行く先が見えることで安心感が増す

3. 道標をわかりやすく
サインは、文字と背景でコントラストをつけることで見やすくし、文字情報にピクトグラムなどで視覚情報を加え、一目で認識できるようにする

4. 外へのアクセス
バリアフリーでアクセスの良い、自由に出入りできる安全な外空間を確保する

5. プライバシーと交流
共用の場とプライベートな場の区別が明確である

6. 見通し・透過性
入ってほしいところは目立たせ、入ってほしくないところは目立たせない。
部屋に入る前に、その機能が見える

7. 屋内外の空間設計
部屋や機能の配置を重視。たとえば、ベッドに寝ている状態でトイレが見えるため、記憶に頼らず、特に夜間、トイレに自立してたどり着くことができる

五感を高める

道標をわかりやすく

見通し・透過性

屋内外の空間設計

出典:スターリング大学DSDC資料に基づきメディヴァ作成
　　東急不動産

CHAPTER 13

79 「認知症にやさしい街」を デザインする

認知症にやさしいデザインは、施設内にとどまりません。街全体のデザインにも応用され、その原則にのっとった街が開発されつつあります。スターリング市を認知症にやさしい街につくり替える活動が開始されていますし、ブリストルなどのイギリス内の地域やオーストラリアでも実施されています。

街のデザインも、建物内と同様、認知症患者や高齢者が抱える課題を補うことが目的です。

目が見えにくくなるので、店のサインは大きくし、背景とコントラストをつけます。さらに、店の入口には照明を追加します。ドアがどこにあるかわかりやすいように、壁とドア枠とでコントラストをつけます。

字を認識しにくくなるので、標識には文字と絵を併用します。遊歩道はわかりやすく配置し、少し歩くと疲れるので、座って休憩できる場所を設けるなどです。

一方、「バスの運転手に認知症教育を行う」なども、重要な要素としてあげています。ケアを職業とする人もしない人も市民全員が認知症への理解を深めることによって、本当の意味で認知症の人にやさしい街ができます。

また、かかわる人たちが認知症に対応したデザインを理解することによって継続的な効果が表れます。建物や標識などは、時とともに劣化します。認知症やデザインへの理解がないと、簡単に普通のものに置き換えられてしまうでしょう。

街も環境デザインにより認知症にやさしくなる

「認知症にやさしい街」のデザイン例

- 大きく、背景とコントラストのある店のサイン
- 壁とドア枠とコントラストのあるドア
- 文字と絵を使った標識
- バスの運転手に認知症教育
- 店の入口に追加の照明
- はっきりとわかる遊歩道と座って休憩できる場所

スターリング市内の開発例

- 自治体と医療機関の共同プロジェクト
- 旧病院を再開発し、新病棟とケアレジデンスを建築
- 人の動きに配慮した道の設計
- ガーデニング可能な中庭の設置
- 病院、ケアレジデンスは認知症デザイン

出典：スターリング大学DSDC資料に基づきメディヴァ作成

CHAPTER 13

80 「認知症にやさしい街」の ガイドラインをつくる

　イギリスでは、広く認知症対策の取り組みが進められています。取り組みには大学や政府だけでなく、地域のボランティア団体、企業や認知症患者本人も参加しています。全土に「地域の認知症行動連盟」（LDAA）があり、認知症の人にかかわるすべての人が、それぞれ実行できる支援を行っています。

　イギリスの認知症協会は、「認知症にやさしい街」の鍵となる10の要素を提唱しています。その中には、「認知症にやさしい環境デザイン」も入っていて、物理的な環境はアクセスしやすく、移動しやすいように設計されていることが求められます。また、「啓発活動」も重要で、認知症に対する偏見をなくし、理解を促します。

　同時に、人や企業のさらに広いかかわり方、社会のあり方も提唱しています。たとえば、地域のすべてのお店、企業、サービスが認知症の理解を促進し、手助けすることや、認知症の当事者が社会とのかかわりを保てるように支援することなどです。

　日本でも「認知症にやさしい街づくり」が進んでいます。福岡市は産官学が共同で認知症フレンドリー・シティづくりに意欲的です。

　ケアの方法には「ユマニチュード」を採用し、普及を進めています。認知症にやさしいデザインのガイドラインも、スターリング大学方式も参考にして、策定に向けた検討が始まっています。

国内外で認知症にやさしい街のガイドラインづくりが始まっている

イギリスの「認知症にやさしい」街づくり

認知症にやさしいコミュニティを達成するための10のキーとなる要素

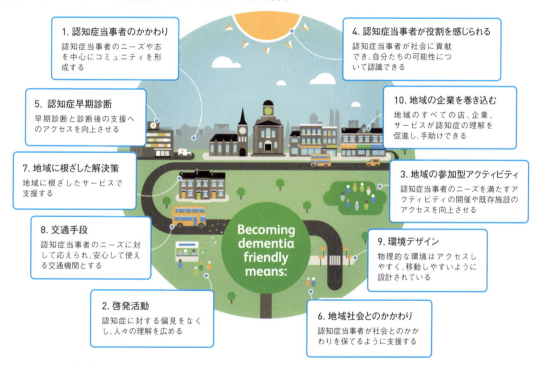

1. 認知症当事者のかかわり
   認知症当事者のニーズや志を中心にコミュニティを形成する

4. 認知症当事者が役割を感じられる
   認知症当事者が社会に貢献でき、自分たちの可能性について認識できる

5. 認知症早期診断
   早期診断と診断後の支援へのアクセスを向上させる

10. 地域の企業を巻き込む
    地域のすべての店、企業、サービスが認知症の理解を促進し、手助けできる

7. 地域に根ざした解決策
   地域に根ざしたサービスで支援する

3. 地域の参加型アクティビティ
   認知症当事者のニーズを満たすアクティビティの開催や既存施設のアクセスを向上させる

8. 交通手段
   認知症当事者のニーズに対して応えられ、安心して使える交通機関とする

9. 環境デザイン
   物理的な環境はアクセスしやすく、移動しやすいように設計されている

2. 啓発活動
   認知症に対する偏見をなくし、人々の理解を広める

6. 地域社会とのかかわり
   認知症当事者が社会とのかかわりを保てるように支援する

出典：Alzheimer's Society（2013）

CHAPTER 13

81 民間主導の地域包括ケアシステムが「金の認証」を取得

　スターリング方式を実装した日本の街づくりの例としては、民間主導の地域包括ケアシステム「世田谷中町プロジェクト」(東急不動産)があります。1万坪の社宅跡地に、分譲マンション252戸、シニア住宅251戸が開発されました。多世代交流を実現する共用棟「コミュニティプラザ」には、高齢者が集い学ぶ場、保育園、看護小規模多機能施設が入っています。

　マンション共用部の施設は、マンション住民だけではなく、シニア住宅の入居者も使えます。コミュニティプラザは地域の誰でも使用することができ、高齢者自身が講師を務めるイベントもあります。看護小規模多機能は、訪問看護、ショートステイ、デイサービスの機能地域全体の高齢者を支えます。

　マンションに住んでいる高齢者がシニア住宅に引っ越すときは、買い取り保証があります。もちろん、マンションで訪問看護を受けながら、最期まで暮らすことも可能です。

　「世田谷中町プロジェクト」はスターリング大学と提携し、そのデザイン方式を導入しました。デザインの「7つの原則」を縦軸に、日本風のデザインを横軸にした結果、施設内は日本的な雰囲気を活かしつつ、認知症にやさしい空間となっています。

　本プロジェクトは、スターリング大学より「金の認証」を取得しました。これは、EU外で初めての例だそうです。

「金の認証」を受賞した世田谷の再開発プロジェクト（例）

日本におけるスターリング・デザインの例
サ高住「グランクレール、グランケア世田谷中町」＋看護小規模多機能「ナースケア・リビング世田谷中町」

CCRC型サ高住（251戸）

コミュニティプラザ

日本的な懐かしさ

日本の伝統的な色を活用

コントラストを抑える

目についてほしいものははっきりと（サインにも工夫）

「金の認証」受賞（EU外で初）

出典：東急不動産（株）世田谷中町プロジェクト資料に基づきメディヴァ作成

CHAPTER 14

高齢者を支援する技術とその課題

要約

ヘルスケア市場は急拡大中！

　高齢化に伴って、ヘルスケア市場は拡大しています。従来の医療・介護保険だけでなく、自費の市場も入れると90兆円の巨大市場が出現すると予測され、その担い手も企業、ボランティア団体、NPOと広がっています。

　たとえば、介護保険の対象から外れた介護予防の体操があります。大阪府大東市では自治体が老人会を活用してDVDで体操を教える「保険から共助へ」の好事例、東京・神奈川では民間企業がスーパーの空きスペースを活用して体操教室を運営する「保険から自助へ」の好事例などが出てきています。

AI・ロボットなどの新技術の活用も盛んに

　市場の拡大と同時に活発になっているのが、AIやロボットなどの新技術の活用です。日本の誇る先端テクノロジーを活用し、人手不足に陥っている介護業界を支援できないかと、大手企業からベンチャーまでいろいろなチャレンジが始まっています。

　見守りロボット、介護ロボット、自立支援機器など多数の実証実験が始まっていますが、少数例を除いてまだめざましい成果が上がっていないというのが正直な感想です。

　その理由としては、規制や環境の問題があります。人手をかけないで見守りをしても介護士を減らすことができない、機器を作動するのに不可欠なWi-Fi環境が未整備である、などの問題は大きいです。

　一方、それだけではなく、先端技術に頼るあまり、介護を受ける人や介護者に対する理解が不足している結果、本当に求められていることを逃してしまう「テクノロジー・アウト」現象

や、機器などの「ハード」だけでなく、効果的に使う方法や教育などの「ソフト」が欠けている問題もあります。「ハード」と「ソフト」の「パッケージ化」が必須です。

オランダの生産性が高い理由は？

　オランダでは、センサーを使って夜間40〜50人を1人で見守っています。日本では施設の種類にもよりますが、平均すると夜間は15人に1人ほどが配置されています。

　この生産性の差は、テクノロジーや規制の差ではなく、個々の高齢者の状態評価（アセスメント）の差です。それぞれの入居者の状態を把握し、それに合わせたセンサーや対応を「パッケージ化」しているので、安全性を確保することができるのです。

　高齢者市場は多くの企業にとって新しい分野です。一発で成功することは困難でしょう。力をためて大きく当てるのではなく、実験的に出して、実証し、改善を繰り返し、その中で有効に使ってくれた顧客のノウハウをもとに「パッケージ化」する方式がより適切でしょう。そのためには、PDCA（計画→実行→評価→見直し）をしつこいぐらい回さなくてはなりません。

　サイバーダインという大学発ベンチャーがつくった介護支援ロボットも最初は、使い勝手が悪いと評判は良くありませんでした。しかし、社内の専門職がユーザーの声を拾い、PDCAを回して製品・サービスの改善と活用事例につなげています。

CHAPTER 14

82 ヘルスケア事業の機会は急拡大

　高齢化と医療制度の変化によって、ヘルスケア業界における事業機会が急拡大しています。今までは、医療が40兆円、介護が16兆円、予防が9兆円の市場規模でした。政府の日本再興戦略によると、2025年までに医療が1.5倍の60兆円、介護は1.3倍の20兆円、予防は1.4倍の13兆円になると予測されています。合計すると、90兆円の巨大市場です。

　日本再興戦略では、業界構造も大きく変わることを目指しています。医療と介護を効率化しながら質を上げていくためには、病院中心から地域包括ケアシステムへ移行します。また保険だけに頼らないように、予防、健康管理、自立支援に力を入れて、健康寿命の延伸を図ります。これらを実現するために、IoT、ビッグデータ、AIなどの技術が活用され、企業、ボランティア団体、地域のNPOなどによる新たなサービスが期待されています。「保険から自費へ」、「保険から共助へ」の流れです。

　保険を使った治療中心の考え方から、予防に力を入れた自費の流れは、日本の財政を救うだけでなく、将来的には日本独自のコンテンツとして海外展開できるという期待もあります。アジアの国々は、日本よりさらに急速に高齢化が進みます。一人っ子政策を実施していた中国をはじめ、アジア諸国に巨大な市場が生まれ、ヘルスケアの事業機会がグローバルに拡大すると予測されているのです。

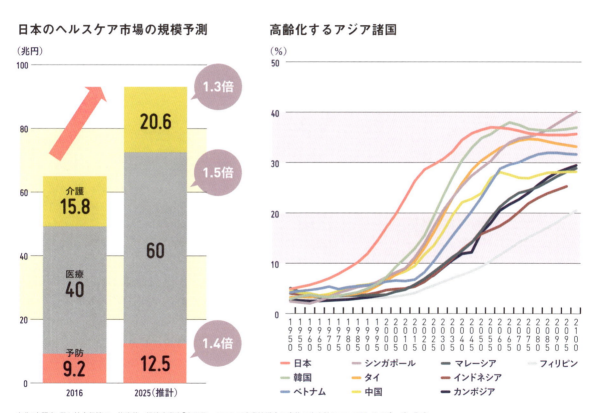

CHAPTER 14

83 「保険」から「共助」・「自助」へ

　介護予防に、「共助」と「自助」の二つの異なる方向性から取り組んでいる好事例を紹介します。

　大阪府大東市は、「元気でまっせ体操」を開発し、町内会や老人会等を通じて、地域の高齢者を巻き込みました。指導員は派遣できないので、DVDを配布し、各会独自で運営できるようにしました。

　実は老人会等はマンネリ化していて、ネタに困っていたので、渡りに舟だったようです。今までは参加しなかった人が参加するようになった、目立たなかった人が活躍するようになったなど、新しい社会参加の機会をつくりました。

　また、日常のちょっとした困りごとをサポートする「時間貯金」もつくりました。これらにより、大東市における訪問サービス利用者数の3分の1が減ったそうです。高齢者と地域のWin-Winです。

　「らくティブ」は、東急不動産の社内ベンチャーです。1回45分のフィットネス・メニューは結構ハードで、筋肉量が増加します。会員どうしの交流の場にもなっていて、毎日来る高齢者もいるそうです。高齢者の格好も変わり、背筋が伸びておしゃれをするようになりました。

　らくティブは、スーパーの2階などの空きスペースを活用しています。スタッフは近所の主婦パートで、自分や家族のために学び、社会還元しています。まさに、高齢者と地域と企業のWin-Win-Winです。

「保険」から「共助」・「自助」への好事例が出現

大阪府大東市の例

「元気でまっせ体操」

- 介護予防体操
- 市の職員、逢坂伸子氏（理学療法士）等が開発
- 町内会、自治会、老人クラブなど既存の組織、建物を活用
- 「元気でまっせ体操」の活用、参加を1か所ずつ勧誘
- 指導員がいなくても大丈夫なように、DVD化して配布
- 体操とともに、交流が活性化

「時間貯金」

- 講習を受けた生活サポーターを要請
- 日常のちょっとした困りごとに対応
- 生活サポーターは30分ごとに250円の謝礼金をもらうか、将来に向けて「時間貯金」ができる

大東市における訪問サービス利用者推移（人）

611 (2016.3) → 420 (2016.12)
3分の1減っている

東急不動産「らくティブ」の例

- 東急不動産（株）の社内ベンチャー
- 東急スポーツオアシス（フィットネスクラブ）のノウハウ活用
- 月額7000円の完全自費介護予防体操教室（何回来ても可）
- スーパーの2階の空きスペースを有効活用
- 地元の主婦パートを有効活用
- 体操だけでなく、イベントにより栄養等のセミナーも実施
- 高齢者の社交の場に

- 好調に集客（毎日、来店する顧客も）
- 筋肉量の増加に顕著な効果
- 高齢者がおしゃれをして来るように

出典：大東市、東急不動産「らくティブ」ヒアリングに基づきメディヴァ作成

CHAPTER 14

84 高齢者と介護現場の支援に新技術

　近年、急速に新技術への期待が大きく膨らんでいます。しかし、まだ市場の創成期なので、試行錯誤が続いています。

　見守りや癒しのためのロボットは多く開発され、デイサービスなどで高齢者や認知症の方の支援に使われはじめています。「癒しになる」という人と、「味気ない」という人と、賛否両論のようです。

　センサーを使った見守り機器も各種販売されています。赤外線やエアコンなどを使い、高齢者ホームで介護士が見回る負荷を減らすもの、自宅で倒れていないか確認するものとさまざまです。しかしながら、実用性にはまだ試行錯誤が必要です。オペレーションと連動しないので、結局、仕事が効率化しない、安全の確保にならないなどの問題が残ります。たとえば、離床をセンサーが認識したとしても、介護士はどの場合なら、どうするかが決まっていないので、かえって仕事が増えることもあります。

　高齢者自身に取りつけて、生活を支援する機器も各種出ています。歩行を改善したり、歩行状態をモニターする機器がありますが、測定の精度が高すぎるため、結果のブレが大きくなって解釈が難しいなどの課題が見られます。超音波で膀胱内に溜まった尿量を測定し、介護者に連絡して失禁を予防する機器は画期的ですが、日本の高齢者施設は残念ながらWi-fi環境がなく、実装に苦労していると聞きました。

介護の現場や高齢者支援で活用されている新技術

20万円

ペッパー(ソフトバンク)

45万円

パロ(ダイワハウス)

Dfree
(トリプル・ダブリュー)

- 排尿予知機器
- 設定したWiFi環境下で使用可能

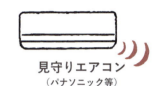

見守りエアコン
(パナソニック等)

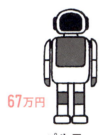

67万円

パルロ
(富士ソフト)

- 高齢者支援ロボット

キューズタグウォーク
(住友電気工業)

- 歩き方測定器
- 精度が高いので、測定結果のブレが出る

みまもりブレイン
(アクセライト)

- 認知症も視野に入れた独居見守り+医療相談サービス
- 心電計の着脱や細かいスマホ操作などを自身で行う

出典:各社HP・パンフレットに基づくメディヴァ調査
価格は調査時点

CHAPTER 14

85 多くの企業が陥る「テクノロジー・アウト」の罠

　ヘルスケア業界で、新技術を用いて本当に成功している企業・事業はまだ少なく、多くはテクノロジーに頼りすぎた「テクノロジー・アウト」の罠に陥っているように見えます。

　ヘルスケア業界は、特有のややこしさが存在します。保険制度、規制、医療や介護など専門的な知識が必要です。

　顧客が医師、看護師、介護士、患者などの誰なのかによって意思決定の鍵や優先順位が異なります。

機器を開発するだけでなく、誰が、どういう場面で、どう使うのかを、つくりこまないといけません。そのためにはユーザーのニーズをきちんと把握しなくてはなりません。ヘルスケアであっても、商品開発の基本は、「マーケット・イン」なのです。

　リハビリ・ロボットを例に説明しましょう。ユーザーを、リハビリの専門家である理学療法士に設定するとニーズは限定的です。理学療法士はロボットに頼らなくても、リハビリができ

ます。しかも対象施設は600か所しかありません。

　一方、理学療法士がいない有料老人ホームやデイサービスに設定すると、対象施設は1万5千を超えます。ただし、ここで使うのは看護師や介護士で、リハビリの専門家ではない人でも使える簡単な設定や、ロボットを使ったアクティビティが求められます。つまり、技術を商品にするには、ハードとソフトの「パッケージ化」が必須です。

テクノロジーだけでは、市場のポテンシャルを開拓できない

「マーケット・イン」への転換

テクノロジー・アウト

↓ 革新的な技術に頼った商品開発

マーケット・イン

- 技術は革新的であることに越したことはないが、古い技術の応用でも可
- 大事なのは、ユーザーのニーズを押さえること
  - 誰が？
  - どういう場面で？
  - どうやって使うのか？
  - どう支払われるのか？（保険？自費？）
- ハードだけではなく、ソフトも「パッケージ化」
  - 科学的根拠
  - 使い方
  - ユーザーにとっての経済的メリット、など

出典：メディヴァ分析

リハビリ・ロボットの例

より高度なリハビリを！　回復期リハ病院　理学療法士

高機能
細かい設定
医学的な論文

でも、理学療法士にはかなわないよね

600施設

VS.

できるだけ多くのリハビリを！　デイサービス、老人ホーム　看護師、介護士

簡易な操作
アクティビティ・マニュアル
収益モデル

使い方がわからない危ないんじゃないか？

15,000施設

CHAPTER 14
86 オランダでは、センサーとアセスメントで介護効率を向上

　オランダでは、認知症の5％を占める重度認知症の人がホームに入ります。ホームでは、入居者の予定外の外出を把握するのにセンサーを使っています。

　夜は、各居室にセンサーを置いて、起きたことや離床したことを把握します。夜間の見守り人員は40～50人に1名です。日本では施設にもよりますが、15人に1名ほどが配置されているので約3倍の生産性です。

　センサーの技術は、むしろ日本の方が優れているかもしれません。にもかかわらず、なぜこの差が出るのでしょうか。人員規制は一つの要因ですが、それだけでは説明できません。

　その差は、アセスメント（評価）ではないかと考えられています。それぞれの入居者の特性・課題に応じてセンサーが設定されています。夜間トイレに行く人か、転倒リスクがある人かなど、個別の状況に応じてセンサーが設定され、次のオペレーションにつながっているので、効率的にリスクが管理できます。

　また、できる限り自然な生活リズムをつくることを心がけています。夜は暗くなる、朝は明るくなるように照明を調整しています。加えて、日中は活動させ、ぼーっとさせないので、夜は薬を使わなくても比較的ぐっすり眠るそうです。

　センサーと調光システム、アセスメントと活動プログラムなどの組み合わせは、ハード（技術）とソフト（使い方）が組み合わさった「パッケージ」です。

オランダはハードとソフトを組み合わせ、日本の何倍もの効率を確保

オランダのホームで使われる新技術

「センサー」(ハード)×「アセスメント」(ソフト)＋調光システムの「パッケージ化」

夜間介護体制
オランダ：40〜50対1　　日本：平均すると15対1

出典：メディヴァ現地調査

CHAPTER 14

87 ハードとソフトを「パッケージ」化し、PDCAを回せ

　ユーザーに合わせた、ハードとソフトのパッケージ化を行うためには、現場に密着し、そのフィードバックを得ながら、素早くPDCAサイクルを回す開発能力が必要となります。

　専門的な知識が必要だからと、権威がある大学の先生だけに頼ると、その人の個人的な研究テーマに引っ張られて、現実のユーザーにとっての「価値」を見落とすリスクがあります。

　サイバーダインによる介護者の支援用ロボットHALはこの分野の成功例と言えるでしょう。ただHALも当初は装着に30分もかかる、と現場からは不評でした。その後、同社は開発・営業体制を完全に「マーケット・イン」型に変え、急速に課題を克服しました。

　営業部門に看護師等が所属し、導入先を訪問して、使用者や管理者から評価を聞き出します。HALの利用がうまくいっているケースとそうでないケースを比べて、効果を実感しやすい使い手、利用場面を把握し、施設間で共有できるようにしました。HALを使いこなす人の育成を行うために、導入プログラムや介護職育成機関での教材としての提供も行っています。

　開発側が使う人や場面を理解し、課題をフィードバックして改善するとともに、使用者の育成や活用場面の環境整備をすることにより、HALはハードとソフトが充実し、使われるロボットになりました。同社の開発体制は、国のモデルケースにもなっています。

サイバーダインはニーズを把握・改善しながら、パッケージ化

サイバーダインの介護支援ロボットHAL

- HAL®販売先施設を、営業部門(看護師などの医療職が在籍)が訪問
- HAL®の使用者からの評価・施設の管理者からの評価を確認
- HAL®の利用がうまくいっているケースと、うまくいっていないケースを比較
- HAL®のアシスト効果を実感しやすい使い手・利用場面を把握し、明確化

HAL®介護支援用(腰タイプ)の営業推進施策

- **HAL®を使いこなす人の育成**
  使いこなしレッスン
  導入プログラムの実施
  施設内の利用者を増やすためのコーチングスキル
- **使う人の教育現場との連携**
  介護職教育機関に教材提供。教育段階からロボット使用に慣れてもらう。
  有識者からの意見を得る場としても活用
- **HAL®を活用しやすい環境づくり**
  運用計画の立案・提案
  介護現場での具体的動作での使い方・推奨事例を紹介
- **機能改善・附属品の開発**
  現場の声を開発部門にフィードバックし、確実に改善

"マーケット・イン"

ニーズの把握

パッケージ化

出典:平成28年度ロボット介護機器開発・導入促進事業　成果報告会　配布資料および講演内容

CHAPTER 15

高齢者が消費者・生産者・発信者として活躍

要約

高齢者は暇を持て余している？

　高齢者は時代を経るごとに若返っています。昔の65歳は立派な高齢者でしたが、今の65歳を高齢者と呼ぶと怒る人も多いでしょう。実際、この20年間の間に、体力は5歳ほど若返っています。

　これからの高齢者は、今までの高齢者と経験も価値観も違います。アクティブで個人行動や消費に慣れていて、パソコンもスマホも使えます。元気で、若い人に近い価値観をもった高齢者は、人生100年時代の長い余生をどう過ごすのでしょうか。旅行に行く、ゴルフをする、友達と遊ぶ……いろいろな夢や計画があるでしょう。

　しかし、調査によると、実際の時間の使い方として、少なくとも男性は「テレビを観ている」ということがわかりました。若いころの「仕事時間」が、丸ごと「テレビ時間」に置き替わっているようです。生活は面白くなく、社会とのつながりも薄れるので、認知症、フレイルなどさまざまな問題を誘発するリスクがあります。

　高齢になったときに備えて、趣味を持つこと。仕事以外の友達をつくること。これらは特にサラリーマンで地域とのつながりのない男性は気にしたいことです。

高齢者が働ける場はまだ少ない

　社会とつながりを持つもう一つの方法は、働くことです。体力、知力とも元気で機会があれば働きたいという高齢者は多く、働くことによって得られる収入も魅力的です。問題は働く場があるか、です。常勤の仕事についている人は1割しかいません。

　働きたい高齢者に場を確保することは、政策的にも重要で、議論も始まっています。この課

題は根が深く、高齢者の職場確保の問題だけでなく、若い人も含めた働き方や企業のあり方の議論にもつながってきます。

国内外で、認知症患者が働いている事例も

　働くことが、今までどおり毎日通勤電車に揺られて長い時間を会社に捧げることを意味するならばお断り、と思う高齢者は多いでしょう。でも、実は若い人もそう思っているので、フレキシブルに働くこと、パートタイムや個人事業主の概念、勤務時間やオフィスの立地などもこれを機会に考えたいものです。また、企業には第二の人生でも役に立つような人材を育てる能力が求められるようになります。これは、企業の生産性や社員全員の能力・モチベーションの向上につながるでしょう。

　さらに歳を取って、心身が衰え、認知症になっても社会に参加し、働くことができる社会になるといいですよね。イギリスでは、認知症になるとタブレット端末の使い方を教わり、SNSで社会参加し、消費者として企業に発信することが進んでいます。

　国内外で「リビングラボ」という、住民や患者がニーズを発信し、製品のモニタリングや開発に参加する試みも始まっていて、認知症でも働けるデイサービスなどの場は国内外で増えています。このような取り組みをもっと拡げたいものです。

CHAPTER 15

88 「これから」の高齢者は、「これまで」の高齢者とは違う

サザエさんに出てくる波平は54歳、フネは52歳。漫画が連載されはじめた終戦直後のころは、50代は立派な高齢者だったのでしょう。時代によって高齢者の概念は変わりますし、行動も変化します。

70歳を例にとりましょう。今の70歳は1950年前後に生まれ、高度成長期に育ち、大人になりました。豊かな日本の恩恵を受け、貯蓄や年金もあります。マイカーやカラーテレビ、海外旅行に憧れ、それを一つひとつ手に入れてきた世代なので、車やモノへの愛着があります。逆に、携帯電話やパソコンが一般家庭に導入されたころは、壮年期を過ぎているので、あまり得意ではありません。

10年後の70歳は、今の70歳ほど貯蓄はありませんし、年金も減少しています。しかし、バブルを経験しているので消費は好きです。社会人になったころは、一般の人が海外旅行に頻繁に行ける時代になっていたので、旅行も好きです。携帯電話はガラケーとスマホが混じっていますが、ほとんどの人がパソコンを使えます。

また実際、同じ年齢でも時代によって体力は異なります。70代前半の人の体力・運動能力を比べると、ここ20年弱の間に5歳若返っていました。

これからの高齢者はアクティブで、個人行動や消費に慣れています。一般的な「高齢者」という枠にとらわれず、自由に生き方を考えてもいいのではないでしょうか。

「これまで」と経験も体力も異なる高齢者

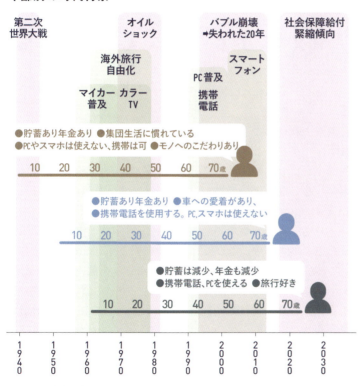

年齢別の時代背景

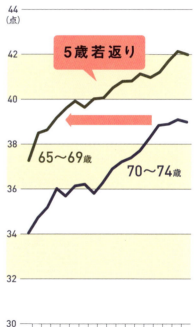

高齢者の体力・運動能力の推移

出典：文部科学省（2015）より経済産業省作成

CHAPTER 15

89 高齢者は暇を持て余している

　まだまだ元気で、能力も体力も衰えていない高齢者ですが、実際何をして過ごしているのでしょうか？　実は、「何もしていない」ということが調査からは見えてきます。

　男性の40代と60代の時間の使い方を比較してみます。40代は時間の大半が仕事に使われています。仕事以外の時間は休養と、少しの趣味・テレビなどに使われます。これが60代になると、仕事の時間がほぼ丸々テレビに置き換わっています。趣味、家事、買い物にも時間を使いますが、テレビと比べると圧倒的に少ない時間です。

　仕事をしないなら地域活動をと思いますが、7割の人は参加していません。特に男性の場合は、そもそも地域とのつながりが薄いことが推測されます。

　Japan Medical Agency の調査によると、女性は全世代とも社交的で、現状に肯定的・生活が充実しているようですが、男性は世代・年代によって差が表れました。60代の男性ははむしろ内向的で、年齢に縛られない生活を送りたいと願いながらも、あまり面白いと思わない生活を送っている傾向が見られます。

　女性は「家族との団らん」「親しい友人、同じ趣味の人との交際」に楽しみを見出しています。ゴルフを唯一の趣味としている男性も多いですが、いずれ身体が動きにくくなったり、遠くまで行くのがおっくうになります。近場で同好の士とつながる趣味も持っておきたいものです。

リタイア後は、仕事の時間がテレビの時間に移行している

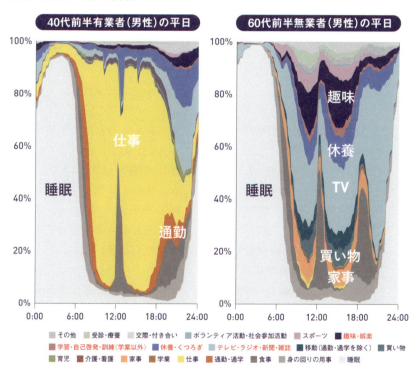

出典：2011年 総務省「社会生活基本調査」より経済産業省作成

地域活動への参加率は？

出典：内閣府「平成28年 高齢者の経済・生活環境に関する調査結果」

CHAPTER 15

90 高齢者も働ける、働きたい

　趣味を持つだけでなく、働くことも社会とつながる方法の一つです。65〜74歳までの前期高齢者は、まだ9割近くがフレイルでも認知症でもないので、機会があれば十分働けます。

　60歳以上の人に、何歳まで働きたいかを聞いた調査があります。65歳までという人は40％しかおらず、60％はそれ以上の年齢まで働くことを希望しています。特に4分の1の人は、働けるうちはいつまでも、と答えています。

　高齢者の収入状況は、仕事の有無で大きく異なります。勤労世帯の平均実収入額(月)は約40万円で、そのうち勤務先からの収入は約22万円。無職世帯の平均実収入額(月)は21万円で、社会保険からの給付が20万円です。勤労高齢者世帯は支出も多いですが、余剰が出て貯蓄もできています。無職高齢者世帯は赤字で、貯蓄を取り崩しています。

　現在、政府は働き方改革の一環で、高齢者の勤労を勧めています。もちろん、人手不足を補いたい、働いて納税してほしいという意図はあるのでしょうが、社会とつながり続け、お金の心配を減らすという意味では、高齢者自身にとっても良い選択肢だと思います。

　しかしながら、働くことを希望しても、常勤の仕事を見つけることができる高齢者は1割ほど、パートの仕事に就ける人を入れても4分の1です。働く意欲のある高齢者に適切な仕事を見つける仕組みが必要です。

働きたい高齢者は多いが、仕事がない現実

高齢者の就業希望

60歳以上の方に、何歳くらいまで働きたいかと聞いてみると

- 14% 60歳くらいまで働きたい（=すぐ引退したい）
- 24% 65歳くらいまで働きたい
- 25% 70歳くらいまで働きたい
- 9% 75歳くらいまで働きたい
- 3% 76歳以上でも働きたい
- 26% 働けるうちはいくらでも

6割以上

※自営業・農業従事者除く

出典：内閣府「平成25年度 高齢者の地域社会への参加に関する意識調査結果」より経済産業省作成

無職世帯

- 収入：社会保障給付／赤字／その他　実収入20.9万円
- 支出：消費／その他

勤労世帯

- 収入：実収入41.1万円
- 支出：その他／消費支出／余剰

出典：総務省「家計調査」（平成29年）

60歳以上の就労状況

就業を希望しても、1割程度しか常勤の職に就いていない

- 73.8% 仕事はしていない
- 16.0% パート等
- 10.2% 会社の常勤・顧問等

※自営業・農業従事者除く

出典：内閣府「平成25年度 高齢者の地域社会への参加に関する意識調査結果」

CHAPTER 15　高齢者が消費者・生産者・発信者として活躍

CHAPTER 15

91 働くことが生きがいにつながる

　高齢者の生きがいに関する調査があります。結果を見ると、1人暮らしより、3世代同居の方が生きがいを感じていることは納得性があります。

　有職、無職の別では、働いている人の方が生きがいを感じています。年齢には関係なく、働くことは生活を充実させます。働いて心身を使えば、健康を保つのにも役立つでしょう。

　一方、高齢者の働く場は足りず、いろいろな政策も検討されています。たとえば、大企業の退職者の経験を中小企業に活かすなどです。大企業から中小企業に移るのは、楽だと思われるかもしれませんが、そう甘くはありません。中小企業では「企業の看板」ではなく、「自分の力」が頼りです。パソコンや庶務的な仕事も、全部自分でやらなくてはなりません。幸せな第二の就業人生のためには、定年が見えてきたころから、積極的に自分の幅を拡げなくてはいけないのです。

　収入を主たる目的とせず、社会的な活動を行うという手もあります。地域包括ケアシステムでは、有償・無償のボランティア団体やNPOが活躍できます。ラジオ体操やフレイル予防体操教室、男の料理教室など、さまざまな活動が各地でスタートしています。継続的に団体を運営するための、リーダーシップや経営の能力センスを磨きましょう。

同居人がいて、仕事をしている高齢者ほど生きがいを感じている

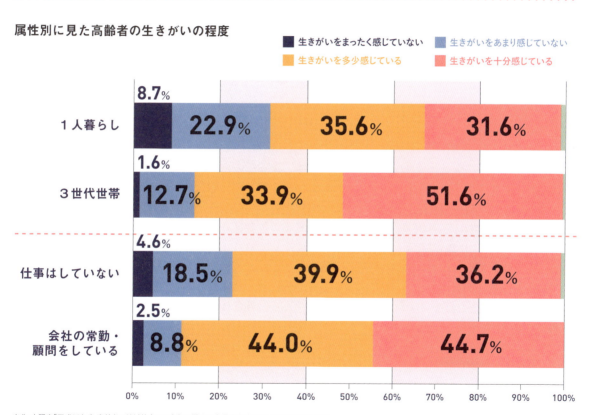

CHAPTER 15

92 元気でも元気でなくても、働いて、社会に参加

　では、認知症等になった場合はどうでしょう？

　イギリスでは、初期認知症患者にタブレット端末を渡します。初期であれば、使い方を覚えることができます。教える人も、認知症患者のボランティアです。メール、SNSなどを学び、病気が進行して外に出にくくなっても、家族や友人とつながり続けることを目指しています。

　患者はタブレットを通して、外部へ発信し、社会参加と貢献を続けます。イギリスのアルツハイマー協会は、認知症の人が生活者として自分の声を積極的に発信し、消費者としてのニーズを顕在化させることを勧めています。高齢になり、特に認知症だといろいろなことが不便になります。たとえば、ATMが見えにくくなります。青色は見えません。文字も小さいと見えません。操作が難しいとわかりません。こういうことを積極的に社会や企業にフィードバックします。

　自立が難しい高齢者にも働く場所ができつつあります。オランダでは、Green Care Farm という認知症高齢者が働く農場があります。「にんじんを育てるのは私の仕事」など、「個人の役割」が本人の状態を改善します。日本でも、「DAYS BLG!」では若年性認知症の人が働き、シルバーウッドのグループホームには駄菓子屋が併設され、鎌倉市のワーキングデイわかばでは、裏庭で採れた夏みかんでママレードを作り、公園を清掃して収入を得ています。

国内外で、認知症を含めた高齢者が働く場ができはじめている

イギリスの認知症ケア

- イギリスでは、認知症のトレーニングとしてITを学ぶ（メールやiPadの使い方など）
- 外部への発信や当事者間のピアサポートなどができ、社会的役割の創出や孤立の防止となる
- 社会への貢献と潜在需要の顕在化に参加

Green Care Farm（オランダ）

シルバーウッド 高齢者向け賃貸住宅併設の駄菓子屋（浦安市）

DAYS BLG!（町田市）

ケアサロンさくら ワーキングデイわかば（鎌倉市今泉台）

出典：メディヴァ資料、各社HP

CHAPTER 15
93 高齢者が商品開発・モニタリングにも参加

世界中で「リビングラボ」というコンセプトが広まっています。15年ほど前に北欧で始まり、世界中で400か所ほどあります。新技術が役立つものになるには、実際の場面で使ってみる必要がありますが、リビングラボでは住民が自治体、企業、大学と共創し、製品開発に参加しています。

日本での代表例としては、東京大学高齢社会研究所がコーディネートした鎌倉リビングラボがあります。海外のリビングラボとも協働して、高齢者用の薬のパッケージ開発などを有償で請け負っています。

リビングラボ的な取り組みは広がりを見せています。ある高齢者ホームは、乳酸菌飲料の効果測定に参加しました。高齢者の4人に1人は便秘で悩んでいます（ちなみに、男性のほうが多いです）。乳酸菌飲料の主要ターゲットは若い女性と思われていますが、意外と高齢者にもニーズは高いのです。

ただ、高齢者は腸や筋肉が衰えているので、乳酸菌だけでは効果が出にくく、医師が考案した腸を動かす体操を行い、排泄日記をつけて成果や課題を明らかにしました。体操はアクティビティとして、ホーム側にも好評でした。

アメリカでは、個人が活動記録や健康情報をアプリで登録し、医療ビッグデータを集める企業に提供し、収入を得ることが始まっています。日本でも、医学の発展に寄与し、自分が健康になる方法として期待されます。

健康食品の開発販促への参加は、企業にも本人にもメリット

健康になりながら、医療の発展・企業活動に参加（例）

老人ホームでの取り組み

ヘルパーさんにも喜ばれている

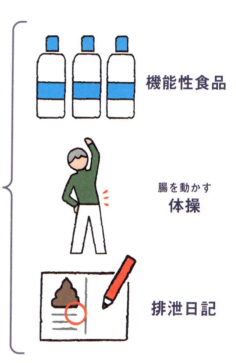

機能性食品

腸を動かす
体操

排泄日記

出典：メディヴァ、プラタナスによる取組資料

CHAPTER 16

自分の人生は
自分で決めよう

要約

幸せな老後を求めて

　幸せな老後には何が必要だと思いますか？　家族、友達、生きがい、健康、お金など、いろいろなものが思い浮かびます。

　どれも欠かせないものですが、心身の健康は幸せな老後の基礎でしょう。健康に長生きするには、まずは体力を維持しなくてはなりません。

　本書でも述べましたが、積極的に運動すること、良い栄養を摂ること、社会参加をすることは、体力維持に不可欠です。体力を保ち、活動的に前向きに生きることは、それ自体が幸せな老後につながります。

「トリプルA」高齢者を目指そう

　心身の健康を保つためには、何がいいのか、何を避けるべきか。正しい知識を持ち、正しく判断して実践することは必ずしも簡単ではありません。テレビや雑誌は健康情報であふれていますが、必ずしも正しいとは限りません。長生きするには、正しい健康情報を吟味する力も必要になります。

　そういった力を持って、活動的で、自分がやりたいことができる収入もあると、健康で長生きをして、幸せな老後を送れるのではないでしょうか。活動的(Active)、知的(Academic)、収入がある(Affluent)の頭文字をとって、私は「トリプルA高齢者」と呼んでいます。「トリプルA高齢者」は、特に高学歴であることや、資産家である必要はありません。自分らしく過ごす知識、収入を持った高齢者を意味しています。

老後の準備は50代後半から

　では、幸せな老後に向けていつから準備すればいいのでしょうか。人は、自分が年を取って不自由になったときのことは考えないようにするものです。実際、65歳を超えても多くの人は若いころと変わらず元気です。

　しかし、誰にも老いは必ず来ます。ターニングポイントは75歳と考えておくといいでしょう。でも、75歳になってから準備しても間に合わないので、50代後半から60代前半には考えはじめることを勧めています。健康づくり、趣味づくり、社会との新たなつながりづくりも、その頃から考えはじめると間に合います。住宅改修なども、長期的な視野で行いたいものです。

親が倒れる前にしておくことは？

　自分の老後というよりも、親の老後の問題が心配な人もいるでしょう。急に倒れたらどうするか？　いざというときに慌てないよう、健康、住宅、資源、希望など、事前準備として把握しておいた方がいいでしょう。これらを把握することは、自分の老後を考える機会ともなります。

　自分の最期の日について考えておきましょう。延命治療をするか、しないか。意思をはっきりとしておかないと、自分が望むような最期を迎えられない可能性が高いのです。

　自分の望む生き方を求めるなら意思表示が必要です。日本の医療・介護はパターナリズムが強く、当事者でなく医師やケアマネージャーが決めています。良かれと思っているのですが、結果として本人の望みとずれることがあります。

　自分の人生ですから、自分で決めたいですね。

CHAPTER 16
94 「トリプルA」高齢者を目指そう

　私は、「トリプルA（AAA）高齢者」という言葉をつくりました。
Active（活動的な）：前向きで、いくつであっても積極的に社会に参加し発信する
Academic（知的な）：正しい情報を得て、自らの老いに対処する方策を知り実行する
Affluent（収入のある）：自分らしい生活を過ごすための収入がある
　Academicは必ずしも高学歴を意味しません。Affluentは必ずしもお金持ちを意味しません。いずれもActiveであり続けるために、正しい情報を得て、自分らしく生活できる力を持っていることを意味しています。

　高齢者の意識は、年々Active（活動的）になっています。高齢者は、「友人との交流」、「食事」、「旅行」などの楽しみに、年々より積極的に取り組んでいる様子がうかがえます。

　永くActive（活動的）な生活を楽しむためには、まずは心身が健康であることが必要です。

　健康や医療への関心も増しています。テレビの健康番組は人気ですが、エンターテイメント性を重視するので、必ずしも正しい情報を伝えません。自ら情報を探し、吟味できるAcademic（知的）さが、長く健康を保つ秘訣です（専門医によるネット情報「メディカルノート」は、個人的にはお勧めです）。

　年金情報への関心も高いですが、社会保障制度も今後どうなるかわかりません。年金に頼り切るのではなく、Affluent（収入のある）な高齢者を目指す方が得策でしょう。

「トリプルA」とは、「活動的で、知的で、収入のある」の意味

トリプルA高齢者とは

ACTIVE
活動的な

ACADEMIC
知的な

AFFLUENT
収入のある

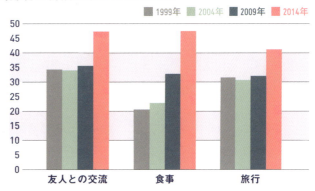

高齢者の普段の楽しみ（複数回答）
■ 1999年　■ 2004年　■ 2009年　■ 2014年

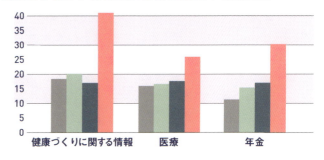

高齢者が欲しい日常生活情報 上位３つ（複数回答）

出典：内閣府「平成26年度 高齢者の日常生活に関する意識調査結果」

CHAPTER 16　自分の人生は自分で決めよう

CHAPTER 16

95 まず「体力の維持」を。「社会参加」が鍵

　心身の健康を保つために、まずできることは体力の維持です。これは長生きに直結します。

　歩く速度と寿命の関係を見てみます。東京都健康長寿医療センターの調査では、歩く速度が遅い人と速い人とで比べると、10年後に生きている人の割合が35％異なりました。握力の強い人と弱い人でも27％の差があります。

　体力維持のための運動や体操には、マシンなどの専用の器具を使ったもの、ゴムバンド、ボールなどの簡単な道具を使ったもののほかに、スクワット、ストレッチ、腿上げ、つま先上げ、踵上げなど身体だけでできるものもあります。

　栄養も大事です。三食ともに身体をつくる主菜(肉、魚、大豆製品)、エネルギーのもとになる主食(米など)、身体の調子を整える副菜(野菜など)を摂ることが望ましいです。しかしながら、高齢者の食事に関する調査によると、朝食が一番バランスが悪く、特にタンパク質が不足しています。納豆や豆腐でもかまわないので、タンパク質を摂り、筋肉が痩せないようにしましょう。

　体力が衰えると、社会参加がしにくくなり、社会参加をしないと体力が衰えるという悪循環に陥ります。就労でもボランティアでも、何でもかまいません。体力が衰えると、だんだん遠くに出かけられなくなります。そうなる前に、地域で社会参加をする方策を見つけておきたいものです。

体力維持のためには、運動、栄養、社会参加が鍵

体力維持と寿命の関係

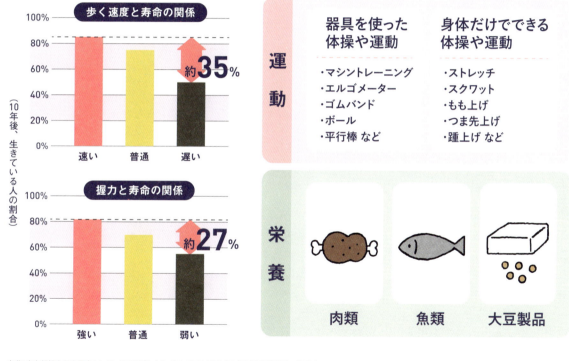

出典：東京都健康長寿医療センター研究所「セカンドライフの健康づくり応援手帳2015〜2016」

CHAPTER 16
96 いずれ「老い」は来る……ターニングポイントは75歳

「高齢者」の定義は65歳ですが、実際は65歳を過ぎてもほとんどの人は元気で、自分のことを高齢者と思っている人は稀です。このまま元気で過ごし続けることができるのではないかと思い、そうでなくなる将来のことはできるだけ考えないようにしていても「老い」は確実にやってきます。

65〜75歳で自分のことを高齢者と思う人は40％未満です。しかしながら、75歳を超えると、70％以上の人が自分を高齢者と思いはじめます。半数以上の人が「自立」であり、70％の人が生活に支障がないとしているにもかかわらず、不安が高まります。

「腰や肩・ひざなどに痛みがある」「聞こえにくい」「物忘れをする」「手足の動きが悪い」などの健康上の困りごとも、75歳以上で激増します。

元気なので、今の生活が永久に続くように考えている方によく出会います。夫婦二人で寄り添うように楽しく暮らしていて、それはそれで微笑ましいのですが、その生活は一方の入院などにより、急に終わりを告げることがあるのです。

トリプルA高齢者は今を楽しみ、賢く生きるだけでなく、75歳のターニングポイントも意識して、それ以降の生活も予測し、準備もしていくべきでしょう。ことさらに憶病になる必要はありませんが、いざとなったときに慌てないようにすることが、今を楽しむコツかもしれません。

75歳くらいで急に心身の課題が出現し、不安も増大する

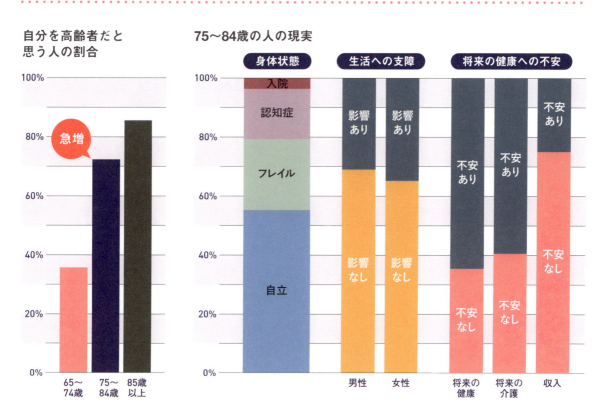

CHAPTER 16 自分の人生は自分で決めよう 267

CHAPTER 16

97 住宅改修は長期的視野で

定年を迎えて第二の人生を踏み出したとき、住宅改修をする人は多いと思います。子ども部屋をなくしたり、古くなったキッチンを新しくしたり、風呂を広く快適にしたりなど、楽しんでリノベーションを施します。その際、将来要介護になったときのためにとか、将来要介護にならないためにとかまで考えて改修計画を立てることはあまりないのでしょう。むしろ、あまりそういうことを考えたくないですし、いかにも介護用という住宅に、元気なうちは住みたくないですよね。

しかし、65歳の時は快適だった住宅も、75歳を超えるといろんな支障が出てきます。調査によると、75歳を境に「部屋、浴室の入口の段差」「玄関の段差」「階段の高低差」などで不都合を感じる度合いが急激に増えます。

リノベーションに当たって、介護用の住宅にする必要はありません。ただ、将来介護が必要になったときに備えて、改修しやすいように作っておくことには意味があるでしょう。

たとえば、可能な限りバリアフリーにすることや、主要な生活動線(寝室、居間、台所、風呂、洗濯物の干し場など)を1階に持ってくること、風呂に手すりをつけやすくしておくこと、IH化すること、トイレの戸や便座、また浴室の縁などをわかりやすくすること、などです。

ドイツやスウェーデンで研究されている、自立を妨げる家の要素も参考になります。

75歳以降も自立した生活ができるよう、住宅改修を考える

現在の住まいの不満点は？

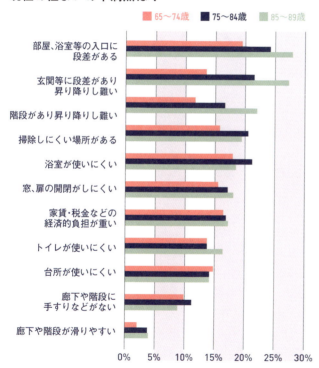

凡例：65〜74歳／75〜84歳／85〜89歳

- 部屋、浴室等の入口に段差がある
- 玄関等に段差があり昇り降りし難い
- 階段があり昇り降りし難い
- 掃除しにくい場所がある
- 浴室が使いにくい
- 窓、扉の開閉がしにくい
- 家賃・税金などの経済的負担が重い
- トイレが使いにくい
- 台所が使いにくい
- 廊下や階段に手すりなどがない
- 廊下や階段が滑りやすい

出典：MRI「高齢者意識調査結果」(2010)、メディヴァ海外調査

自立を妨げる住宅とは？

 ドイツ

1. 台所の棚がすごく高いところに設置されている
2. 玄関のドアが開けたままにできない、もしくはすぐに閉じてしまう
3. 台所に動き回るのに十分なスペースがない
4. 玄関のドアが重たい
5. 階段の段差が高すぎる、低すぎる、不規則である

1. 台所の棚がすごく高いところに設置されている
2. 浴室やトイレに手すりがない
3. 玄関のドアが開けたままにできない、もしくはすぐに閉じてしまう
4. 台所に動き回るのに十分なスペースがない
5. 入口に高い敷居や段差がある

CHAPTER 16

98

親が倒れたら、どうする……？

　自分の老後よりも、まずは親が心配という人も多いでしょう。病気やケガなどで突然、要介護状態になることは多く、あわてないように、事前準備として把握することは5つあります。

　1つ目は、健康。近くにいても意外と把握できていません。しかし、たとえば生活習慣病がわかっていると、今後の予測に役立ちます。できれば、主治医にも会っておきましょう。観察や会話の中でわかることもあります。認知症は突然悪化しないので、日ごろの状態確認が望ましいです。

　2つ目は、住宅。たとえば、生活動線が1、2階にまたがっている場合、自宅で住み続けることは非常に困難です。介護になっても住めるよう改修できるか、把握しておきましょう。

　3つ目は、資源。お金だけではありません。友人知人は誰か、いざとなったら頼れるのか、などを整理しておくことです。

　4つ目は、本人の希望。食べることが好きな人は、最期まで口から食べたいと望むでしょうし、始終不安を訴えている人ならホームの方が安心でしょう。

　5つ目は、緊急対応。急に何かが起こった場合、とりあえず対応できる人を確保しておくことです。自分が近くにいない場合など、誰がまず対応するのかを、関係者で考えておきます。

　これらの万一の時の備えは、親のことだけでなく、自分や夫・妻の場合についても当てはまります。

親(自分)が倒れる前に準備できることは、まず5つ

 ① 健康状態の把握
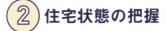 ② 住宅状態の把握
 ③ 資源状況の把握

④ 希望の把握
⑤ とりあえず対応できる人の確保

CHAPTER 16

99 「延命治療」を止められるのは自分だけ

　健康に留意しても、急に倒れることもあります。その時の備えとして、延命治療の意思表示をしましょう。

　延命治療は、治る見込みがない状態で命を延ばすために行う医療行為をいいます。人工呼吸器を使った心肺機能の維持、点滴や胃ろうによる人工栄養法、血液中の老廃物を取り除く人工透析、輸血などで、いずれも医療機器を外すと生命を維持できません。患者にとって苦しいだけとも言われていますし、管だらけで生きている状態を見て、家族が苦しむこともあります。

　延命治療が必要な状態になったとき、ほとんどの場合、患者には意識がありません。病院は患者が救急車で運ばれてきた場合は、助けようと最大限の努力をします。医療者の使命であり、いったんつけた人工呼吸器は、医師であっても外すと殺人罪に問われるのです。

　意識がなくなったときに、延命治療をするか否かの判断を家族にゆだねるのは酷で、止めることができるのは本人だけです。延命治療を望まないのであれば、「リビング・ウィル」などによる事前の書面での意思表示とともに、家族などと共有しておくことが望ましいです。遠くにいる家族にも共有しておかないと、親族どうしで揉めることもあります。

　もちろん、少しでも長く生きたい人もいます。その場合は、延命治療を望む旨をリビング・ウィルにしたためておくことです。

「管」につながれないように、リビング・ウィルを準備する

リビング・ウィル書式（例）

受付番号_____番

私の医療に対する希望（終末期になったとき）

終末期とは「生命維持処置を行わなければ、比較的短期間で死に至るであろう、不治で回復不能の状態」です.

- 患者様が終末期になったときの受けられる医療に対する希望を患者様ご本人が記載してください.
- 患者様ご自身で判断できなくなられたとき，主にご家族・主治医の参考になると思われます.
- この希望はいつでも修正・撤回できます.
- 法律的な意味はありません.

1. 基本的な希望　　　　（希望の項目をチェック（✓）してください）

① 痛みや苦痛について　　□ できるだけ抑えて欲しい（□ 必要なら鎮静剤を使ってもよい）
　　　　　　　　　　　　□ 自然のままでいたい
② 終末期を迎える場所について　　□ 病院　□ 自宅　□ 施設　□ 病状に応じて
③ その他の基本的な希望（自由にご記載ください）
（　　　　　　　　　　　　　　　　　　　　　　　　　　　　）

2. 終末期になったときの希望　（希望の項目をチェック（✓）してください）

① 心臓マッサージなどの心肺蘇生　　　　　□ して欲しい　　　□ して欲しくない
② 延命のための人工呼吸器　　　　　　　　□ つけて欲しい　　□ つけて欲しくない
③ 抗生物質の強力な使用　　　　　　　　　□ 使って欲しい　　□ 使って欲しくない
④ 胃ろうによる栄養補給　　　　　　　　　□ して欲しい　　　□ して欲しくない
　「胃ろうによる栄養補給」とは、流動食を腹部から胃に直接通したチューブで送り込むことです
⑤ 鼻チューブによる栄養補給　　　　　　　□ して欲しい　　　□ して欲しくない
⑥ 点滴による水分の補給　　　　　　　　　□ して欲しい　　　□ して欲しくない
⑦ その他の希望（自由にご記載ください）
（　　　　　　　　　　　　　　　　　　　　　　　　　　　　）

出典：国立長寿医療研究センター

CHAPTER 16

100 人生100年時代、最期まで自分らしくあるために

65歳は定義上では「高齢者」ですが、平均余命は男性は約20年、女性は約24年あります。75歳だと男性は12年、女性は16年です。日本全国に100歳を超える方が、1998年には約1万人、2017年には約7万人と激増しています。人生100年は十分ありえることです。

人生100年時代では、65歳はまだ人生の第3コーナーを回ったばかり。ゴールまでの間をどう過ごすのかはその人次第です。

介護が必要になった場合、早まったり、煮詰まったりしないよう、抱え込まず相談することをお勧めします。しかしながら、専門家や経験者に相談しても、それは所詮、その人の意見であり、その人の経験です。基本は、「本人はどうしたいか」であって、万人に当てはまる1つの回答はありません。

人生100年時代、最期まで自分らしく生きて、家族らに迷惑をかけないために、できる準備はあります。下記の5つがそのポイントになるでしょう。

①自分で決める
②知識を持ち、実践する
③社会との接点を持ち、積極的に生きる
④家族以外のつながりやリソースを持つ
⑤準備は現役時代から！

まずは、「自分はどう生きたいか」、「どういう最期を迎えたいか」を考えて、自分で決めることです。人生100年に向けたデザイン（人生設計）は早くから開始すればするほど、納得いく人生が送れるでしょう。

現代の高齢者は余生が長い。まずやるべき「5つ」のこと

出典：メディヴァ資料

巻末対談1

これからの高齢者は、「ミツバチの働き」を目指そう

慶應義塾大学 環境情報学部教授/ヤフーCSO、
『イシューからはじめよ』著者
安宅和人氏 × 大石佳能子

平成最後の夏、「［落合陽一・小泉進次郎 共同企画］平成最後の夏期講習（社会科編）：第1回・人生100年時代の社会保障とPoliTech」というイベントが開催されました。そのなかで、登壇者の安宅さんが「この国は高齢者にお金を使いすぎて、若者にはちゃんと投資できていない」と発言したのに対し、筆者が「使ったお金は必ずしも高齢者を幸せにしていない」と応え、盛り上がりを見せました。そこで、具体的にどこが問題で、どうすればよいのか、今後高齢者にはどのような役割が期待されるかについて対談することにしました。

リソースは未来と成長に向けるべき

大石：最初に、安宅さんが考える日本の課題は何ですか？

安宅：僕の見解では、根源的な問題は2つあると思っています。

　まず、「未来と成長に向けてリソースが十分に使われていない」という圧倒的に大きい問題。そもそも、高齢者の年金や医療・介護に国のリソースをつぎ込む状態に歯止めがかかっていないために、財源がまったく足らなくなって、次世代の人材育成や科学・技術の開発にリソースを十分に投下できないという由々しき事態が起こっています。

　もう1つは、「今の時代において社会に必要だと考えられる人材像と、国が育てようとしている人材が根本的にずれている」という問題ですね。

国の財源配分の問題により、「高等教育機関や国立研究所の競争力」が失われ、適切な給料が払えないために人の流出が続き、大学教員・研究者・学生が「Bクラス化」しています。一方で、「理数素養、デザイン素養が欠落した人材育成」が行われています。「スケール型経済人材」ばかりが生み出される一方、「必要なデータ、デザイン人材が枯渇」しています。事業育成の視点でも「オールドエコノミーに過度の偏重」が行われ、「産業保護規制がデータ利活用を前提とするサービスの立ち上げを阻害」するという馬鹿げたことになっている。

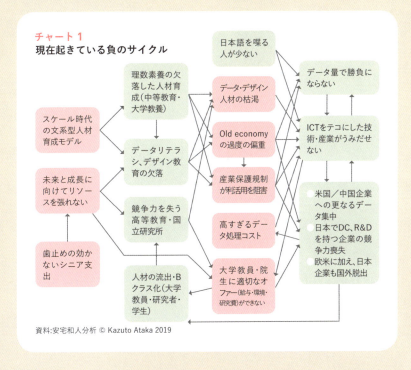

チャート1
現在起きている負のサイクル

資料：安宅和人分析 © Kazuto Ataka 2019

　この5年から10年のうちに抜本的な改革をしていかないと、この国もいよいよどん詰まりになるにもかかわらず、いまだ文系型官僚的人材を大量に育てるモデルから脱していないのです。（チャート1 現在起きている負のサイクル）

大石：それは、国が目指すべき人材開発ビジョンが間違っているということですか？

安宅：そうですね。衝撃的なことに、人口5千万しかおらず、少子化が日本以上に進む韓国と比べても、日本の理工系の大卒の数は年に10万人も少ないのです。韓国やドイツは大卒の3分の2近

くが理工系なのに、日本では23％しかいない。アメリカでは理工系は3割強に過ぎませんが、18歳人口だけを見れば4倍いますのでこの問題はありません。

また、大半の大卒はデータやAIの力を解き放つために必要な情報科学、計算機科学の基礎素養が欠落しています。各領域を時代に即して刷新していくためには、これらに加え、デザイン素養を基礎として持つ応用・境界領域の人材を生み出すことが必須なのですが、そのような人材像が共通認識になってすらいないのが実情です。

いま、未来に向けてバランスよくリソースを使うことで、負の循環を正の循環に変え、さらに優秀な人間を生み出していって、新しい波に乗るという流れが必要です。

地方のインフラへの
リソース投下も問題

大石：リソース投下の問題でいうと、安宅さんは「地方問題」にも警鐘を鳴らされていますよね。

安宅：はい。いま、15歳未満の平方kmあたりの人口が1人しかいないとか、郵便局員が1人もいなくなったという町村が現実に出てきています。

人がいない問題というのは、大半は技術によって解決するはずだというのが僕の見解です。技術の力を使えば、人間は自然とともに豊かに生きられるのではないかと考え、有志の中で「風の谷」プロジェクトを始めています。

一方、現在は、人がいなくなって破綻しかかった町村をなんとか維持するために巨額の公費が使われています。市区町村レベルで1人あたりの予算を見ると、驚きの数字が出てきます。（チャート2　一人あたりの自治体予算）

たとえば、東京の目黒区は1人年間三十数万ぐらい。他の県庁所在地、松江市だと50万。でも、奥多摩に行くと120万。気仙沼で130万です。

村おこしで有名な島根県海士町は、なんと1人

チャート2
一人あたりの自治体予算（一般会計：万円／年；2018）
基礎自治体の多くはbasic income級の公費投入でようやく回っている状況

資料：安宅和人分析 © Kazuto Ataka 2019

約260万。実は、特別会計も入れたら300万を超していて、4人家族で約1,300万もかかっている。途方もない財移転をして無理やり回しているのです。まったくサステイナブルではありません。

　さらにその内訳を見てみると、インフラのコストだらけなんです。郵便、消防、バス、特に重いのが道路と上下水道。国道だと、1キロあたりなんと億単位でかかります。今、土木だけで、月間約2兆円ずつも使っているような状態なんですよ。医療費や電源・通信インフラコストなどを含まなくとも、こうなので、問題の深刻度は極めて高い。

大石：無理に公共工事をつくっても、そのときは雇用が生まれていいんでしょうが、そこから先はどうするのか。結局、全体のビジョンがないわけですよね。

安宅：そうですね。マクロで見て未来につながらないことはやめるべきだと強く思います。1兆円を突っ込んでも、5、10年後に3兆、5兆になって返ってくることはやるべきですが、7,000億ぐらいしかリターンがないものは極力削り落としていかないと、サステイナブルな未来はつくれません。

いかに医療費を減らしていくか

大石：国のリソース投下を見直すべきだというお話ですが、高齢化問題については、どう考えます？

安宅：高齢化問題については、基本的には3つのことをやるべきだと思います。

　1つは、年金に課税する。年金は所得なのに、なぜか課税されていません。年金60兆円に5%でも課税したら3兆円ですから、未来は大きく変わります。

　2つ目は、医療費の負担率を見直す。これは過去にもやってきたことですが、高齢者も2〜3割負担で、われわれは3割を4割負担にする。

　3つ目は、とにかく無駄を減らすことです。

大石：いま、40兆円の医療費のうちだいたい3割が高齢者医療に使われています。高齢者を幸せにしない過度な医療をやめれば1割減って4兆ぐらい浮くんじゃないですか？

　精神病院に入院している認知症高齢者が自宅に帰ったら、医療費が3分の1になります。最期に管をつないで肋骨を折りながら心臓マッサージをするのをやめたり。また、高齢者だけでなく、若い人もそうですが、タクシー代わりに救急車に乗らないようにしたりとか、いろんな無駄を省いていくと1〜2兆は軽く浮くように思えます。

安宅：それはぜひやりましょう。年金に課税する、医療費負担を上げる、無駄を減らす、の三位一体改革で。今の計算で5兆は浮きましたし。年に5兆あれば、未来は激変するでしょう。

大石：あとは、治療費を先に自費で全部払ってもらって、あとで返金するようにすると、さらに医療費は減ると思いますよ。これも高齢者だけでなく、すべての世代ですが。

安宅：間違いないです。軽い風邪でも病院に行く人いますよね。

大石：そうそう。後から7割バックされるけれど、最初に自腹で2,000円ではなくて6,000円払う。そうすると、その治療に6,000円の価値があったのか、と考えるきっかけにもなりますよね。こんな工夫はいろいろできます。

安宅：本当は、救急車もアメリカのように実費化するべきです。実費化すると、たぶん1回あたり5万円を超すと思います。これを個人の保険でカバーすることにすれば、無用な利用は劇的に下がります。

大石：ITの活用場面もいろいろあると思います。遠隔診療も技術的には実現可能ですが、まず6か月対面でかかってないと、遠隔診療の適応にならない。救急の場面では使えないんですよ。AIも使えます。イギリスには「バビロンヘルス」というアプリを使った仕組みがあります。救急車に乗ろうとする前に、チャットボックスで「あなたは熱がありますか」「いつから出ていますか」「咳はどういう咳ですか」と答えに応じてどんどん聞いてきて、それに答えると「救急車を呼びなさい」とか「薬局でこの薬を買って飲みなさい」というメッセージがくる。医療費の効率化に効果が出ているらしくて、こういう技術も入れながら制度全体を変えていくことが必要ですよね。

別に救急車は乗りたくないけれど、不安で念のため医者に診てもらいたくて乗っている人もいますから、アプリで「アスピリンを飲んで寝ていれば大丈夫」と出たら、救急車に乗らない人も増えると思うんですよね。

安宅：そういう工夫で減らした医療費がITやAI人材を育てるリソースに回って、それがまた医療費を節減する……素晴らしい循環ですね。

定年制度は即刻、廃止！

大石：今後、日本はますます超高齢化が進んでいくことが予想されます。これからの高齢者は何をすべき、あるいはどのような存在を目指すべきだと思いますか？

安宅：まず、働ける人にはずっと働いてほしいと

思いますね。僕が強く主張しているのは、年齢・性別による雇用差別の禁止です。つまり、「定年で終わり」というのは禁止したほうがいいと思うんですよ。

大石：能力があり続ける限り、雇うということですよね。無能であれば年齢にかかわらずクビ？

安宅：もちろんです。能力によって雇うというマインドにしない限りは、今の問題は解決しません。有能な人は90歳だろうが100歳だろうが、生きている限り雇うようにしたほうがいい。

もしこれが可能になれば、人間というのはがんばれる限りがんばるという生き物に変わるので、ずっと社会の役に立つわけですよ。寄りかかる側から納税側に変わる。

人間というのは、社会の中でいる意味を感じないと、自分の価値を実感できないわけですよね。社会的役割を与えることが真の幸せのためには本質的に必要であって、社会的役割を失った人に楽しく生きろというのはもう論理矛盾を起こしている。だから、労働を与えることが必要である、というのがそもそもの前提です。

可能である限り、「正しい淘汰システム」に変えてくださいということですね。

大石：「正しい淘汰システム」とは？

安宅：ちょっと森にたとえてみますと、健康な木は樹種によっては50メートル以上に大きくなって、1000歳かそれ以上まで生きますが、弱い木は1か月で死ぬわけですよね。でも、今行われている定年制度は、どんなに見事な木も病気の木も、ある年になったら一斉に切り倒すというシステムなんですよ。

そうではなくて、われわれが目指すべきなのは「極相林」なんです。

大石：「極相林」って何ですか？

安宅：完全な原生林の最終状態が極相林なんです。はじめに、草むらがある。だんだん灌木が生えはじめる。で、もう少し大きい木が生えてきますよね。最終的に、大きい木も、小さな木も、変

わった形の木も、いろんなものがいて林全体が安定化する。林床の豊かさがまったく違うのです。

そこを目指すべきなのに、いま何をやっているかというと、あるときに木を全部切り倒して、全部なくして杉を植えている。そして、全部同じような杉が育っていくから、現代社会は極相林になっていないんですよ。

このシステムは、あまりにも自然とずれています。自然というのはいろんな種類のものがいて、安定もしていて、相互に支えあって生きているんです。

われわれがよかれと思って、植林したり耕したりすると、その土地のサステナビリティを破壊してしまう。イースター島もそうやって、どんどん森が失われ、最後の一本の木まで切り倒し、禿げ山になっていって滅んでしまったわけです。古代文明を生んだメソポタミアやエジプトも砂漠になってしまった。

そうならないためにも、強い木にはいつまでも、200歳まででも働いてもらう。弱い人はどこかでリタイアする。「強制伐採システム」は廃止することです。

「ジャマおじ」ではなく、「ミツバチ」を目指そう

大石：安宅理論では、すべての人がこの森の一員としてキープ・オン・ワーキングという感じでしょうか。

安宅：そうですね。巨大な木は巨大な木なりの貢献をする。小さい木は小さい木なりの貢献をする。

大石：この森のそれぞれの人が、それぞれの役割があるという概念はとてもいいと思います。たとえば、孫の面倒を見ているおばあさんも、ちゃんと次の苗木を育てているわけですよね。

安宅：はい。あと、ミツバチの役割の人もいると思うんですよ。この自然界においては、ミツバチの役割は非常に重大で、温帯の植物の90％はハチなどの虫によって受粉しているんです。虫媒花に対する受粉係なんですよね。

大石：人の社会において、受粉係とは？

安宅：まあ、お見合いばあさんとか、子育て係ですよね。

大石：企業や個人のマッチングをやっている人もミツバチですよね。ここに困っている会社がいて、ここにこんな技能を持つ人がいる。全然、業界は違うけれど、この会社とこの人をマッチングさせて付加価値を生む。これは、ある種のセンス

とネットワークさえあれば、年齢に関係なくできますね。

安宅：そうです。僕ね、最近よく「ジャマおじ（じゃまなおじさん）」禁止という話をするんですよ。ここ数年、「ジャマおじ」がこの国を滅ぼしつつあると言い続けてきたおかげで、けっこう広まってきています（笑）。

すると、「『ジャマおじ』にならないためには、何をしたらいいんですか」って聞かれることがよくあるのですが、そんなときは「次の3つのことをやってください」と答えます。

それは、①いい人を紹介する。②信用を与える。「こいつはできる」とか、お墨付きを与えるということですね。あとは③金を出す、と。

実はこの3つ、少なくとも「紹介」というのは、ミツバチの仕事じゃないですか。だから、「ジャマおじ」になりたくなければ、ミツバチを目指してくださいとお伝えしたいです。

まずは、自分の「ニッチ」を見つけよう

大石：安宅さんは、国レベルで動くミツバチですよね。そういう意味でいえば、ある業界とか会社、町内会で動くミツバチもいますね。私は業界のミツバチかな？

安宅：どこにでも、いろんなハチがいます。やっぱり、ニッチの数が勝負だと思います。

「ニッチ」というのは、実は生態学（エコロジー）の言葉です。生態学的にいうと、たとえば地表近く、人間の腰ぐらいの高さ、それ以上の高さ、と分けて考えると、それぞれのところで異なる生物相があります。このそれぞれの空間の中で異なる生物が異なる役割をなしている。光や栄養、構造などの条件の掛け合わせ、役割ごとに異なるニッチがある。

1つの空間の中に複数のニッチがあって、ニッチごとに異なる生き物が生きていて、それぞれ異なるメカニズムが働いている。

このニッチをたくさんつくるのが、実は生態学的な豊かさのポイントなんです。これが均一化すると、非常に弱くなる。だから、均一化した杉林なんかはすごく弱いんです。ニッチ多様性が少なすぎますから。

大石：それぞれのニッチに住む「おじ・おばミツバチ」になれ、ですね。

安宅：そう。ニッチが多様化するためにも、このミツバチなりミツバチ化したおじ・おばがいるわけです。だから、50、60になるときまでに、自分で巣を作るぐらいの力を蓄えておかないといけないでしょうね。

大石：自分のニッチが何かと内省することと、そこで生きていく力を持つことですかね。

安宅：そうですよ。ものすごく特異なニッチだったら、勝手に仕事が増えていきますし。たくさんのことを広く浅くやっている人ではなくて、1つのことを極めた人に仕事がたくさんきますから。

　ちょっと前まで弊社にいて、芸大の院生に転身した女性が、昨今話題のグラフィックレコーディング（絵で議事録をつくる術）の開発者の1人になりました。あるミーティングで、やることがないから絵を描き出したら、それが仕事になったと言っていました。

　これは、20代にしてもはやニッチを持っているということです。それだけ収入も入ってくるし物も売れるし、有名人になるしで、いいことずくめですよ。

大石：今の社会を変えていくヒントが「極相林」ですね。

安宅：はい。とにかく、この杉林的なビジョンを破壊したいんですよ。奥会津のような田舎に行っても、やっぱり森が杉化してしまっていますから。もう原生林が残っていなくて、全然美しくない。この問題は根深いと感じます。

　森が杉だらけだから、みんな花粉症になっていますよね。本物の極相林だったら、花粉症にはなりません。だからわれわれは、本来あるべき森をつくってこなかったという反省をしなければいけないときが来ているのではないでしょうか。

　人間も同じことをやっているわけです。新しいことをやる人を育てていこうと思ったら、やっぱり経験が要りますし、人を動かそうとしたらある程度老獪なほうがよかったりするわけですから、あるタイミングになったら経験が全部無価値化してしまうのは、社会として極めて不安定だと思うんですよ。

大石：その不安定な社会を、本来あるべき安定した社会にするためにも、われわれは「極相林」を目指していくべき、ということですね。

巻末対談2

「幸せな最期」とは、どのようなものか

桜新町アーバンクリニック院長
遠矢純一郎氏 × 大石佳能子

本書で何度か登場した「桜新町アーバンクリニック」院長の遠矢先生は、2018年に亡くなった女優の樹木希林さんを看取った医師として、メディアにも取り上げられました。15年にわたり、在宅介護のフロントランナーとして活躍されている遠矢先生と、「自宅で死ぬ」ということについて対談しました。

「管をつけて長生きさせる」のは幸せなこと？

大石：遠矢先生とは、クリニック立ち上げから20年弱のおつき合いになりますね。在宅医療を始めたのはいつ頃でしたでしょう？

遠矢：もう15年前ぐらいになりますね。今は「桜新町アーバンクリニック」で、多職種からなる在宅のチームをつくって、400人ぐらいの患者さんを診ています。

大石：先生は、樹木希林さんの主治医をされていましたよね。希林さんはすごく自分らしく生きられたと思いますが、高齢者の生き方、最期の迎え方についてはどう思われますか？

遠矢：希林さんは、自分らしく最期を遂げるために在宅医療を選びたい、とおっしゃっていました。確かに、病院という場所は私たちにとってはホーム・グラウンドですが、患者さんにとっては自分の場所ではないところ。希林さんだけでなく、患者さんは、自分の思っていた形とは違う方向

に向かいかねないという怖さがあるんでしょうね。
大石：自分の思うように生きて、自分の思うように亡くなりたい、ということでしょうか。
遠矢：実際、私たちが在宅で関わらせていただくと、人生の最終段階に近い方々が自分の終わりを見据えたうえで、今のこの時間をどう使いたいか、あるいはどんなふうに最期を遂げたいか、ということに対して、これまでは割と受け身であったのが、自分から主体的に決めていかれるようになってきたという気がしています。
大石：自分で主体的に決めても、自分だけでは実現できないですよね。
遠矢：はい、人間1人で死んでいけるわけではありません。いろんな人のサポートが必要になるので、みなさん一番近くにいる家族の負担を気にされます。そのため、自分はそうしたくなくても、気遣いから「家族に負担かけたくないから病院に行くわ」とおっしゃる方もいます。

ただ、私は介護保険とか在宅医療、訪問看護をきちんと利用すれば、たとえ1人暮らしであっても最期まで家にいることは可能だと思っています。
大石：病院から出て家に帰ることは、受けられる医療を制限することになりませんか？
遠矢：今の医療が怖いのは、患者を生かそうと思えば、どんな形ででも生かし続けることができてしまうことなんです。でも、それはかえって苦痛を与えることもあることもあるし、本人にとって幸せではないことを医療者も家族も認識していかないといけません。

今、驚くほど多くの患者の方が「私は延命治療を受けません」とおっしゃいます。ちょっと前までは多かった胃ろう（胃に穴を開けてチューブを通して栄養を送り込むこと）を選択する人も、ここ数年でぐっと減ってきているんですね。

その一方で、胃に穴を開けるなど、不自然に患者の体に傷をつけるのは嫌だけど、点滴や経鼻胃管はどんどんしてほしいと言う家族もいて、それは本質からちょっとずれていると感じています。
大石：点滴は小さい頃から知っているし、点滴をすると元気になるというポジティブなイメージがありますよね。
遠矢：ただ、いよいよ終末期になってきた方は話が別で、点滴をするとかえって体に水があふれてしまって、痰が増えたり、むくみが増えたり、褥瘡ができたりするんですよね。なので、「いやいや、かえって本人を苦しめますよ」とお話しするんですが、やはり今までのイメージとのギャップで理解が難しいとは思います。

動物も最期は物を食べなくなって、だんだん枯れていくわけで、人間だけがそれを許されないと

いうのはやっぱりしんどいですよね。

大石：どこから先が最期か分かりにくいのもあるかもしれませんね。また元気に戻るんじゃないかと思いますから。

遠矢：そうなんですよ。がんの方は、終末期に向かうほどいろんな症状が出てくるので、場合によってはもう長引かせることよりも、できるだけ痛みを取ってあげたいという考え方が受け入れられやすいんです。でも、心不全や呼吸不全のように、「いったん悪化しても、入院すると快復する」を繰り返す方は、どこが最期なのかが私たちも判別しにくいんです。

大石：そういえば先生から伺ったお話を思い出しました。あるおばあさんがもうそろそろ亡くなるということで家に連れて帰ると、どうしても食べたいと言うのでお煎餅のかけらをあげたらバリバリと食べはじめて、その後も数年生きたという例もありましたね。

遠矢：そうなんです。個人差もあって、読めないところはあります。でも、ずっと寄り添って診療させていただいていると、「いったん悪化してまた快復」を繰り返してもだんだん低下は感じられるんですよね。だから、「ああ、そろそろこれは限界だな」というポイントは見えます。

そういう意味ではやはり、ずっと寄り添ってくれるかかりつけ医が必要だと思います。その方が今までの経緯を見ているからこそ分かることもありますから。

介護もToo Muchを目指すな

大石：介護の問題もありますよね。今の話はどちらかというと、分かっている医者は「Too Much医療」を抑えたいのに、家族がToo Muchを望むという話ですが、介護もある種パターナリズムというかToo Muchなところがあると思います。老人ホームに入っていると、全部お世話してしまうじゃないですか。親切とホスピタリティ、安全を考えてやっているのでしょうけど、お世話すればするほど、だんだん本人の能力は失われていきますよね。

遠矢：本当にそのとおりで、今の介護は高齢者のできること・できないことを判別することなく全部やってあげるというスタンスになっています。そうすると、介護の必要性がどんどん増していって、人手不足でますます苦しくなるという悪循環になることが危惧されます。

大石：2017年に京都で開催された「認知症国際会議」で、若年性認知症と診断された丹野智文さんが、「認知症だからといって何もかも取り上げ

ないでほしい」とおっしゃっていましたね。
遠矢：海外での支援は、「自立の手助けをする」なのに、日本では「守る」＝「何でもやってあげる」。「自立を考えるうえで重要なのは、自己決定」であり、「自分の過ごしたい生活を過ごせているかどうか、自分らしい生活ができているか」がポイントだということをおっしゃっていて、本当にそのとおりだと思いました。

「居場所をつくる」ということ

大石：みんながみんな、日野原先生のように長生きできるわけではないですが、できるだけ最期まで元気に楽しく過ごしたいという気持ちはあるでしょう。そんな最期を迎えるための準備は、リタイア前からやっていく必要があると思いますが、先生はそのあたりはどのように思われますか？
遠矢：やっぱり、バリバリ仕事をなさっていた方が、定年した直後に行き場も役割もなくなってしまって、日がな一日テレビを見て過ごすという状況は残念ですよね。まだまだ全然働けるのに、あれだけ飼い殺しにされていると体も弱っていきますし。
大石：どうすればいいでしょう。
遠矢：一つは、定年をなくしてしまえばいいんじゃないですか。
大石：いま、国では年金の問題もあって、定年をなくそうという話にもなっていますが、国の財政のためでなく、自分の生きがいのため、ということですね。
遠矢：もう一つは、デイサービスや老人クラブを、少なくとも自分が行きたいと思えるものにすることですね。おしゃべりするお友達ができればいい、というおばあちゃんたちは楽しそうにやっていらっしゃるのでいいと思いますが、そうじゃない方は女性も男性も、自分の居場所がないし、なじめない。行く前からそういうイメージがあるから、「私、あんなところ行かない」と言う方が多いんですよ。
大石：私も、「あんなところ行かない」と思っています。
遠矢：これから、特に団塊の世代がそのゾーンに入ってきますから、彼ら、彼女らを満足させられるような老後の場所づくりを考えていく必要があります。それは単に、歌を歌うとか折り紙を折るではたぶん駄目でしょうね。
大石：先生が年を取ったときに、こんなデイサービスや老人クラブだったら行きたいという希望はありますか？
遠矢：僕はたぶん、好きにさせてほしいと言いま

すね。勝手にプラモデルを作ったり、テレビゲームをしたり、旅行に行ったりしたいですから。
大石：私、夏休みにフランスのボルドーに行ってきたんです。ボルドーのワインを称するためには、全部手摘みじゃないと駄目なんですって。9月の終わりから10月半ばの短期間に、何千ものシャトーが手摘みをするので、もう山のように季節労働者が来るんです。

それでも人手が足りないので、ヨーロッパ中のリタイアおじいちゃん、おばあちゃんが来て、シャトーに泊まるそうです。2、3日たつと上手になって、さくさくと摘めるようになるんだそうです。

最後に去年のワインを飲ませてもらえるし、ごきげんよくワイン友達が増えるのはいいなと思って。だから私、年取ったらボルドーに行こうかと（笑）。
遠矢：農業はいいですね。オランダでも「ケアファーム」といって、農場でデイサービスをやるのが大人気なんですよ。そこでは自分たちで作物を育てて、あるいは牛やニワトリの面倒を見ながら、みんなでお昼を食べる。外でやるから、暑いとか寒いとか季節の移ろいも分かりますし、物を育てているとやっぱり私が行かなきゃという自然なインセンティブも生まれますよね。そこはいい

なと思いました。
大石：あとはやはり、団塊の世代なり、私たちの世代なりが、自分たちはこんな感じで過ごしたいというのを勝手に考えて作っていくのが一番いいと思うんです。ある程度共通のニーズだとすると人も集まるから、それなりに回るビジネスにもなると思いますし。

患者さんが教えてくださること

大石：遠矢先生は、樹木希林さんを看取った医師と報道されましたね。患者さんを看取るなかで何か思うことはありましたか？
遠矢：もともと希林さんは、14年前に全身がんと診断されていたのですが、抗がん剤はやらずにピンポイントで放射線で焼くのが私に合っているかもと、ご自分で選ばれたそうです。

そういえば、こんなエピソードもありました。僕が6月ぐらいにお会いしたとき、足の痛みがあって、杖をつきながら歩いている状態でした。それでもこれからニューヨークに出張に行くと言うので、モルヒネをすすめたら、「せっかくこの病気になってやっとここまで来たのに、そうやって痛みを止めちゃうと私、ろくなことにならないから。この痛みともうちょっとつき合えるから、そ

れは勘弁してもらえる?」っておっしゃるんです。

この方は本当に自分の体のことをよく分かっていらして、自分で上手にマネジメントされていたんだなと感服した次第です。

大石:希林さんほどというのは難しいでしょうけれど、やっぱり「自分の体の声を聞く」ことですね。自分の体が何を欲していて、何が嫌なのか、自分らしく体をマネージするってどういうことなのかを、じっくり内省するとそこに1つの答えが出てくる。

お医者さんや家族がこう言うからなどと、周りの人の声を聞きすぎない。選択肢を探るためには聞いたほうがいいでしょうが、まずは自分で自分を知るのが大事、ということなんでしょうか。

遠矢:そんな感じでしたね。なかなかできる人は少ないと思いますが、でもみんなずっと何十年と自分の体とつき合ってきて、自分はこういう人間だと分かっていますよね。

だからときどき患者さんに、「私は、その治療をやるといつも悪くなるからしたくない」とおっしゃられると、私たちもそれを尊重するようにしています。その一方で、ご本人が嫌がっているのに、自分の価値観でコントロールしたがる家族もいて、それは見ていてつらいですよね。いや母はこうじゃないから、もっとこうしてあげて、という。

大石:ご本人は、ノーサンキューだと思っていたのにね。

遠矢:だから、そのあたりを分かってあげていただきたい。お母さんを失いたくない気持ちも分かるけれど、受け入れてあげるのも愛情ではないでしょうか。

大石:改まって家族でそういうことをお互いに話す場面もないですしね。話すと結果として、死ぬことも含めて言わないといけないから、お互いに話しにくいのもあるんでしょうしね。

でも、少なくとも親は何をすると調子がいいかとか、いままで自分の病気とどうつき合ってきたかとか、我慢できる体質なのか、ということは知っておいたほうがいいですね。もちろん、自分自身についてもそうですが。

遠矢:そうなんです。そこを感じながら、親や自分とつき合っていくのが大事だと思います。

大石:終末期になってからいきなりは難しいでしょうから、早い時期から「自分の体の声を聞く」ことや、「自分とのつき合い方を考える」練習が必要ですね。

あとがき

すべての人が幸せな老後をデザインできる世の中を目指して
―― Design your 100 years

　この本を手に取ってくださって、ありがとうございました。私ごとで恐縮ですが、この場をお借りして、本書を書くに至った経緯をお話しさせていただきます。

　私の本業は、医療・介護分野のコンサルティングと事業開発です。クリニックや介護施設の運営にも携わるので、現場にも入っています。「お医者さんですか？」と聞かれることが多いのですが、私は医師でも看護師でもなく、親しい親族にも医療関係者はいません。

　大学では法律・経済を学び、海外でMBAを取り、帰国して戦略コンサルティング会社のマッキンゼーに入社しました（今回、対談に登壇いただいた安宅和人氏は、当時の同僚です）。

　私の担当は、医療・介護ではなく消費財・小売業でした。得意だったのは、「お客さまの視点から企業活動を改革する」こと。私たちはこれを「Customer-based Redesign」と呼んでいました。

　そんな私が医療界に興味を持ったのは、約20年前に息子を出産したときです。それまで健康で、多少病気になっても忙しくて病院にかかる暇もなかったのですが、出産前の定期検査、出産時と病院にかかるうちに疑問と違和感を覚えました。

　医療過誤などの大きな問題があったわけではありません。しかし、約1年の通院期間の中で、病院の「お客さまの視点」のなさに問題を感じたのです。また、待ち時間が長く、待つのは当然と思われていることや、突然キレるお医者さんがいたりと、現場の医師や看護師が抱えるイライラ感にも疑問を持ちました。

　そして、「お客さまの視点に立つと、企業の業績は上がり、従業員の満足度も上がる」ことを実

感していた私は、病院も「患者の視点に立つと、患者が喜ぶだけでなく、経営が改善し、医師も看護師も働きやすくなるのではないか」と考えたのです。

　産休中は比較的暇だったので、知り合いの医師と話をしてみました。すると、話を聞いた医師も、実は疑問を持っていました。毎日が多忙で、雑事に振り回されることも多く、患者と十分な時間を過ごすこともできず、「自分はこんなことをするために医師になったのだろうか？」と思い悩んでいることがわかったのです。

　産休明けには、ヘルスケア部門に異動し、考えたことを実践してみました。その過程でわかったことは、「普通のコンサルティングの手法で病院の経営は改善する」ということでした。一方で、医療界は保守的で、新しいことはなかなか実行されないことも……。

　本当に「患者の視点」に立った病院をつくりたければ、自分たちでやるしかありません。

　そこで、患者も働く医師・看護師も幸せになる病院をつくりたい──同じような気持ちを持った医師たちと同時に起業することにしました。

　こうしてできたのが、株式会社メディヴァと医療法人社団プラタナスです。その1号店は、世田谷区にある用賀アーバンクリニックです（今回、対談に登壇いただいた遠矢純一郎先生はその時からの仲間です）。

　この用賀アーバンクリニックでは、徹底的に「患者がしてほしいこと」「医療者がしたいこと」を目指しました。どのような疾患にも対応できるファミリードクターを目指して、電子カルテを導入し、診療効率を上げるともに、カルテの完全開示を行いました。これは、患者にも医療者にもメ

リットがある新しい取り組みでした。

　ほかの業界のノウハウも積極的に取り入れました。待ち時間を削減するために、風邪や花粉症の季節には、素早く診てもらえる専用のクイックラインをつくる。ホームページに時間帯別混雑情報を掲載し、来院時間の分散化を図る、などなど。

　プラタナスはその後、東京と神奈川を中心に、外来、健康診断、在宅医療、ホスピス、訪問看護、デイサービスなどを展開してきました。特に在宅医療に関しては、80人の医師（非常勤を含む）が2,000人の患者を看る、国内でも有数の規模の医療法人です。

　医療・介護というのは、ともすれば専門的な知識がないと起業できない特殊な世界というイメージがありますが、そうではありません。むしろ、専門職と患者、双方のニーズを突き合わせ、理解を深めることにより新しい価値が生まれるのです。

　新しい価値を生むためには、お互いの考え方を理解し、対話を重ねる必要があります。そして、深い理解と良い対話の基礎となるのは、「ファクト（実際起こっていること、事実）」への共通認識です。

　さて、本書のテーマは「高齢者が自分らしく、いきいきと過ごせる社会づくり」です。私が医療界に興味をもったきっかけは息子の出産で、医療を「我がこと」としてとらえたときから始まりました。

　そして今、私自身も前期高齢者になるのがそう遠くありません。高齢者の生き方が「我がこと」となりつつあるなか、どうすれば自分が望むような過ごし方ができるかを考えるようになってきました。

　私は寝たきりにも認知症にもなりたくないですし、なったとしてもお世話されるのは嫌。可能な限り、自分の面倒は自分で見たいと思っています。認知症が悪化し、終末期を迎えた場合も、愛

犬と共に自宅で過ごし、最期の時まで好きなことをしていたいと思っています。

　でも、それは果たして可能なのか？　日本では？　海外では？　制度はどうなっているの？　医学的、科学的にはどうなの？――高齢者としての過ごし方を考える糧として、医療・介護の「ファクト」を集めつつ本書を執筆しました。

　これからの高齢者には、私と同じように考える人は多いのではないでしょうか。そのような方々やそのご家族、医療・介護の商品・サービスを提供される方、政策・制度をつくっている方に、少しでも本書がお役に立てれば幸甚です。

　最後に、本書を執筆するにあたって、メディヴァの方々、医療法人社団プラタナスの方々からは多くのご示唆とチャートを頂きました。

　特にお世話になった遠矢純一郎先生、野間口聡先生、橋爪良治さん、木内大介さん、針谷将幸さん、村上典由さん、吉村和也さん、梅木恒さん、飯塚以和夫さん、荒木庸輔さん、久富護さん、神野範子さん、柏木早穂さん、鈴木勝也さん、青木朋美さん、片山智恵さん、増崎孝弘さん、村田耕平さん、園田紫乃さん、大石晟嶺君、ありがとうございます。

　また、対談に快く友情出演してくださった安宅和人さん、そして以前より「書く書く詐欺」を繰り返していた私を見捨てず励まし、原稿を直してくださったディスカヴァー・トゥエンティワンの干場弓子社長、三谷祐一さんにこの場を借りて御礼申し上げます。本当にありがとうございました。

　すべての方が、幸せな老後を自分でデザインできる世の中になることを、切に願っています。

DESIGN MY 100 YEARS

100のチャートで見る
人生100年時代、「幸せな老後」を自分でデザインするためのデータブック

発行日　2019年　1月30日　第1刷

Author	大石佳能子
Illustrator	添田あき
Book Designer・DTP	小林祐司
Publication	株式会社ディスカヴァー・トゥエンティワン 〒102-0093　東京都千代田区平河町2-16-1 平河町森タワー11F TEL 03-3237-8321(代表)　FAX 03-3237-8323　http://www.d21.co.jp
Publisher	干場弓子
Editor	干場弓子＋三谷祐一

Marketing Group
Staff　小田孝文　井筒浩　千葉潤子　飯田智樹　佐藤昌幸　谷口奈緒美　古矢薫　蛯原昇　安永智洋　鍋田匠伴　榊原僚　佐竹祐哉　廣内悠理　梅本翔太　田中姫菜　橋本莉奈　川島理　庄司知世　谷中卓　小木曽礼丈　越野志絵良　佐々木玲奈　高橋雛乃

Productive Group
Staff　藤田浩芳　千葉正幸　原典宏　林秀樹　大山聡子　大竹朝子　堀部直人　林拓馬　塔下太朗　松石悠　木下智尋　渡辺基志

Digital Group
Staff　清水達也　松原史与志　中澤泰宏　西川なつか　伊東佑真　牧野類　倉田華　伊藤光太郎　高良彰子　佐藤淳基

Global & Public Relations Group
Staff　郭迪　田中亜紀　杉田彰子　奥田千晶　連苑如　施華琴

Operations & Accounting Group
Staff　山中麻吏　小関勝則　小田木もも　池田望　福永友紀

Assistant Staff
俵敬白　町田加奈子　丸山香織　井澤徳子　藤井多穂子　藤井かおり　葛目美枝子　伊藤香　鈴木洋子　石橋佐知子　伊藤由美　畑野衣見　井上竜之介　斎藤悠人　宮崎陽子　並木楓　三角真穂

Proofreader	株式会社鷗来堂
Printing	共同印刷株式会社

・定価はカバーに表示してあります。本書の無断転載・複写は、著作権法上での例外を除き禁じられています。インターネット、モバイル等の電子メディアにおける無断転載ならびに第三者によるスキャンやデジタル化もこれに準じます。
・乱丁・落丁本はお取り替えいたしますので、小社「不良品交換係」まで着払いにてお送りください。
・本書へのご意見ご感想は下記からご送信いただけます。
http://www.d21.co.jp/contact/personal

ISBN978-4-7993-2418-9　©Kanoko Oishi, 2019, Printed in Japan.